LE RADEAU
DE LA MÉDUSE

MICHEL LÉVY FRÈRES, ÉDITEURS

ŒUVRES COMPLÈTES

DE

A. DE PONTMARTIN

FORMAT GRAND IN-18

CAUSERIES LITTÉRAIRES (nouvelle édition).......... 1 vol.
NOUVELLES CAUSERIES LITTÉRAIRES (2ᵉ édition)..... 1 —
DERNIÈRES CAUSERIES LITTÉRAIRES (2ᵉ édition)..... 1 —
CAUSERIES DU SAMEDI (nouvelle édition)........... 1 —
NOUVELLES CAUSERIES DU SAMEDI (2ᵉ édition)...... 1 —
DERNIÈRES CAUSERIES DU SAMEDI (2ᵉ édition)...... 1 —
LES CORBEAUX DU GÉVAUDAN (2ᵉ édition)........... 1 —
ENTRE CHIEN ET LOUP (2ᵉ édition)................ 1 —
LE FOND DE LA COUPE............................ 1 —
LES JEUDIS DE MADAME CHARBONNEAU (6ᵉ édition)... 1 —
LES SEMAINES LITTÉRAIRES....................... 1 —
NOUVELLLES SEMAINES LITTÉRAIRES................ 1 —
DERNIÈRES SEMAINES LITTÉRAIRES................. 1 —
NOUVEAUX SAMEDIS............................... 7 —
CONTES ET NOUVELLES............................ 1 —
MÉMOIRES D'UN NOTAIRE.......................... 1 —
LA FIN DU PROCÈS............................... 1 —
CONTES D'UN PLANTEUR DE CHOUX.................. 1 —
POURQUOI JE RESTE A LA CAMPAGNE................ 1 —
OR ET CLINQUANT................................ 1 —

Poissy. — Typ. S. LEJAY et Cie.

LE RADEAU
DE
LA MÉDUSE

PAR

ARMAND DE PONTMARTIN

PARIS
MICHEL LÉVY FRÈRES, ÉDITEURS
RUE AUBER, 3, PLACE DE L'OPÉRA
—
LIBRAIRIE NOUVELLE
BOULEVARD DES ITALIENS, 15, AU COIN DE LA RUE DE GRAMMONT
—
1871
Droits de reproduction et de traduction réservés

LE RADEAU
DE LA MÉDUSE

I

RÉDEMPTION

Bien qu'un écrivain charmant, adopté par la bonne compagnie, ait fait de ce mot, *Rédemption*, le titre d'une de ses esquisses dramatiques, j'hésitais à l'écrire, tant il me répugne d'appliquer à des idées profanes les expressions sanctifiées par nos mystères, et de séculariser la langue sacrée! Mais, en vérité, je n'en trouve pas d'autre pour caractériser le spectacle que nous avons sous les yeux et qui, en nous relevant de nos déchéances, nous console de nos malheurs. Ce n'est pas, hélas! ce n'est pas encore un pays qui se délivre; c'est une civilisation amollie qui se retrempe dans l'adversité ; c'est l'âme de la France, longtemps prisonnière des intérêts matériels et des grossières jouissances, qui s'affranchit de ses servitudes, et paye sa rançon en multipliant les sacrifices, en supportant les privations, en bravant les périls et les souffrances, en accumulant les actes de dévouement et de courage.

Ce mystérieux travail de régénération sociale et morale, sous le feu de l'ennemi, aurait un sens moins profond et une portée moins décisive, s'il partait des régions officielles, si on pouvait y reconnaître l'influence du gouvernement. Mais non ; il s'accomplit en dehors de toutes les conditions qui légalisent le bien ou le mal, en contradiction visible avec cette démocratie républicaine et cette dictature révolutionnaire qui ne savent ni nous gouverner, ni nous consulter, ni nous sauver. Il agit en vertu de principes qu'elles combattent, de croyances qu'elles renient, de souvenirs qu'elles effacent, de traditions qu'elles brisent, d'inspirations qu'elles ignorent. Il crée pendant qu'elles détruisent ; il oppose à leurs dissolvants des éléments de vie et de durée qui serviront plus tard à réparer leurs ravages. Il refait une autorité, tandis qu'elles achèvent d'anéantir les derniers restes d'obéissance, de hiérarchie et de discipline. Il purifie ce qu'elles altèrent, il ennoblit ce qu'elles abaissent, il rassure ce qu'elles troublent. Il rétablit la conscience humaine au moment où elles lui enlèvent ses ressorts, ses guides, sa lumière et sa boussole.

Avant la terrible crise que nous traversons, les juges sévères pouvaient compter, parmi nous, trois coupables : la noblesse, la bourgeoisie, le peuple. C'est à la noblesse surtout, ou, pour parler un langage plus moderne et plus exact, à la classe riche et oisive, que l'idée de *rachat* ou de *rédemption* s'adapte avec le plus de justesse. S'il est vrai, comme l'affirment ses détracteurs, qu'elle eût besoin de cette épreuve, il faut avouer qu'elle y trouve un incroyable regain de vigueur et de gloire. S'il est vrai qu'elle fût morte, on peut dire qu'elle renaît à force de mourir. Le nobiliaire de France est devenu le martyrologe de Reischoffen, de Sedan, de Coulmiers, d'Orléans, de Paris. Prenez un à un les reproches que l'on adressait à ces fils de famille; à chaque vice, à chaque faute que l'on inscrivait sur leur dossier, ils répliquent par la vertu contraire. On les traitait de désœuvrés et d'inutiles : les voilà, soldats ou capitaines, déployant des prodiges d'activité pour donner une armée à la France qui n'en a plus. On les accusait de se laisser envahir, sinon par les doctrines, au moins par les pratiques du matérialisme contemporain. Ce matérialisme, c'est le goût du *comfort* et du bien-être, le culte de la *guenille* dont parle le bonhomme Chrysale; — et je les vois, ces gentilshommes *dégénérés*, ces épicuriens de château et de salon, ces sybarites de *Jockey-Club*, ces habitués de petits soupers et de petits boudoirs, aux prises avec toutes les rigueurs de la guerre, supportant gaiement des fatigues qui écraseraient les âmes les plus viriles et les corps les plus robustes, couchant sur la terre détrempée par la neige et la pluie, se battant à jeun ou mangeant à la hâte, entre deux fusillades, un morceau de pain noir et de hareng, prenant la plus grosse part des privations et des misères qu'aggravent l'incohérence des ordres, le va-et-vient des chefs et l'imprévoyance du gouvernement. Ils ne sont pas seulement intrépides, ces héritiers des plus beaux noms, des plus grandes fortunes de France; ils sont stoïques, et, ce qui vaut mieux, stoïques chrétiens. Ce que j'admire en eux, ce n'est pas cette bravoure qui sourit au péril et à la mort, — ma louange ressemblerait à une offense; — c'est l'élan héroïque qui les arrache à toutes les douceurs de la vie, à toutes les jouissances de la richesse, à toutes les tendresses du foyer domestique, et les passionne pour une guerre ingrate, cruelle, dépourvue de cet excitant si cher et si nécessaire aux Français, la victoire! C'est le sentiment exalté, invincible, d'une responsabilité et d'un devoir indépendants d'institutions qui délient au lieu d'obliger; c'est le désintéressement qui les pousse à donner leur sang pour une patrie qu'ils aiment, sous un gouvernement qu'ils ne peuvent pas aimer. C'est cette vertu de fermeté et de patience, cette faculté d'acclimatation physique et morale à tous ces rudes détails de campement, de marche, d'insomnie, de cantine, de froid, de faim, de dénûment, qui résument le contraire de leur existence habituelle.

Enfin, on représentait toute une partie de cette jeunesse dorée et armoriée comme le produit d'une éducation *cléricale*, hostile au patriotisme, habile à rapprocher les extrêmes, à rapetisser l'intelligence et le cœur en conciliant les pratiques de la *dévotion aisée* avec les soins les plus minutieux de la vie positive. Or, ce qui se manifeste avec le plus d'éclat dans les rangs de ces jeunes héros, de ces jeunes martyrs, — les Luynes, les Vogüé, les Boysseulh, les Gontaut-Biron, les Latour-Maubourg, les Lenoncourt, les Bouillé, les Troussure, les Vertamon, et cent autres, — c'est justement le contraire; c'est le détachement de tout ce qui n'est pas la religion et la patrie; c'est l'oubli de soi-même, de ses intérêts, de ses aises, au profit de cet idéal patriotique et chrétien qui seul peut inspirer les grandes vertus et les grands courages. Ainsi Dieu a permis, Dieu a voulu que les mêmes désastres qui amenaient le triomphe officiel d'une révolution radicale, négation publique de notre foi politique et religieuse, eussent pour conséquence logique de tourner à l'honneur de cette monarchie que la Révolution déteste, de cette religion que la République persécute. C'est plus qu'une indemnité, c'est une revanche ; c'est mieux qu'une consolation, c'est une espérance.

La bourgeoisie n'a-t-elle pas aussi à dire bon nombre de *meâ culpâ*, au milieu de ces tragiques douleurs, qui s'expliquent par une longue série de fautes ? Hélas ! oui. En politique, en morale, dans ses rapports avec le gouvernement et le peuple, dans l'exercice du pouvoir que lui livraient les événements, elle a trop souvent montré, à côté de qualités sérieuses et fortes, un mélange d'égoïsme et d'imprévoyance, un penchant dangereux à se contenter des satisfactions présentes et à ne jamais chercher, au delà de son horizon, un sujet de réflexion ou de crainte. N'ayant plus à se débattre contre les supériorités et les prérogatives sociales, elle aurait dû fixer toute son attention sur les classes populaires, se les assimiler par une communauté d'efforts, de sentiments et d'intérêts, infiltrer dans les couches inférieures la charité et la lumière, comme correctifs de l'inégalité des conditions et des fortunes. Elle a maintes fois manqué à cette tâche ; elle n'a pas compris que toute prépondérance implique charge d'âmes ; que le peuple est une âme immense, où l'on peut, suivant qu'on y met plus de cordialité ou plus de rudesse, apporter la paix ou la guerre, la résignation ou la révolte, la sympathie ou la haine. De là, pendant les heures de crise qui menacent ou interrompent son règne, ces ruptures violentes, ces colères, ces méfiances, ces effrayantes solutions de continuité, au moment où toutes les classes de la société auraient plus besoin que jamais de se rapprocher et de se fondre pour conjurer un péril commun ou travailler à une œuvre collective. Il en résulte que chaque révolution, au lieu de diminuer les distances entre la bourgeoisie et les masses, est à la fois l'explosion de vieux griefs et l'origine de nouvelles rancunes. Ce qu'y perdent la sécurité de l'une, l'amélioration des autres, vous le savez, ou plutôt vous le voyez.

Eh bien ! Si vous m'accordez que Paris offre l'expression la plus complète de la bourgeoisie moderne, que le BOURGEOIS DE PARIS est le type achevé où se dessinent en relief tous les défauts et toutes les qualités du *genre*, j'ajouterai qu'il s'y opère, en ce moment, une transformation remarquée déjà par de bons juges et d'éminents écrivains. Cette capitale des futilités de l'esprit et des raffinements de la matière, cette raillerie vivante de tout ce qui essaye de rappeler l'homme au sérieux de ses destinées, s'est faite grave et austère comme la phase qu'elle traverse, comme la mission qu'elle remplit, comme la lutte qu'elle soutient, comme le régime qu'elle s'impose. Les cadres de la garde nationale forment un embrassement gigantesque où s'unissent le chef et le contre-maître, le patron et l'ouvrier, le rentier et l'artisan, le propriétaire et le pauvre. Cette union matérielle et visible n'est que le symbole ou le prélude d'une autre sorte de réconciliation, plus intime et plus profonde, qui fera peut-être sortir le bien de l'excès du mal, et préparera des jours meilleurs à la société française; si toutefois la démagogie et la Prusse, Blanqui et Bismark, laissent subsister une société et une France.

Et le peuple? Ici j'éprouve un peu plus d'embarras; d'abord parce que le vrai peuple est difficile à trouver en temps de révolution; ensuite parce que, perverties ou amollies par l'exemple des bourgeois et des riches, les classes populaires sont aujourd'hui en retard dans ce travail de RÉDEMPTION que je crois apercevoir à travers le voile de deuil, le nuage de sang, les fumées de l'incendie et la poussière des champs de bataille. Elles n'étaient prêtes, il faut bien l'avouer, ni pour les angoisses d'une invasion, ni pour les émotions d'une République. La première les trouve hésitantes, effarées, passant d'une exaspération stérile à une résignation inerte, redoutant presque également l'ennemi qui les rançonne et le défenseur qui les expose, et regrettant peut-être l'horrible régime qui leur a légué cet héritage de ruine et de misère. La seconde, se heurtant à tous les vices d'une éducation politique frelatée par les abus et les mensonges du suffrage universel, les laisse inquiètes, mécontentes, ne sachant que faire de leur prétendue délivrance, où elles ne voient jusqu'ici que des corvées à subir, des impôts à payer, des réquisitions à craindre, des travaux à suspendre, des récoltes à perdre, des décrets à lire, des frères, des maris et des enfants à pleurer. Mais l'épreuve, si épouvantable qu'elle soit, peut être salutaire et féconde. Deux choses ont contribué à l'amollissement et à la corruption du peuple ; deux causes l'ont rendu incapable d'une résistance vigoureuse à l'ennemi du dehors, d'une initiative énergique au milieu des agitations du dedans : les mauvais exemples que lui ont donnés les classes supérieures, et les séductions d'un bien-être relatif qui substituait en lui l'instinct à l'âme, la jouissance au dévouement et la *bête* au chrétien. Il est clair que d'ici à longtemps ce bien-être corrupteur lui manquera, ainsi qu'à bien d'autres, et nous espérons que les exemples d'abnégation, de vertu, de courage, d'esprit de sacrifice, de piété sincère, de charité active, le pénétreront peu à peu de leurs bienfaisantes influences. L'Empire, la prospérité, le luxe, le spectacle de nos folies, de nos prodigalités et de nos scandales, auraient fini par le faire tomber au plus bas de la bestialité et de la matière. La guerre, l'invasion et la République peuvent et doivent être pour lui quelque chose de pareil à ces spécifiques terribles qui tuent un homme bien portant — et sauvent un agonisant.

Peut-être me dira-t-on qu'après avoir contrôlé et critiqué les illusions des autres, je me fais illusion à moi-même et cherche à me donner le change en face de nos désastres. Non, je ne crois pas me tromper ; il est impossible que la France périsse, et, si elle ne doit pas périr, c'est qu'elle entrera, régénérée et rachetée, dans une phase nouvelle. Les desseins de Dieu la veulent immortelle; les miasmes qu'elle aspirait depuis longues années la condamnaient à mort. Pour vivre et pour remplir toute sa destinée, il lui fallait cette *Rédemption* douloureuse à laquelle nous assistons et dont chacun de nous doit prendre sa part dans la mesure de ses forces ; c'est une société à reconstruire sur des ruines, une civilisation à purifier dans le sang, un monde à raviver par le sacrifice, un peuple tombé en pourriture à remplacer par un autre peuple. Voilà mon vœu et mon espérance ; voici ma certitude. Si cette société se relève de ses décombres, si cette civilisation se lave de ses souillures, si ce peuple et ce monde retrouvent leurs titres de noblesse, si cette *Rédemption* s'accomplit, ce ne sera pas, ce ne peut pas être au bénéfice des citoyens Arago, Jules Ferry et Glais-Bizoin.

4 janvier 1871.

II

UN NOUVEL ALLIÉ — GEORGE SAND

Au plus fort de nos désastres, pendant ce siége de Paris, si fertile, comme tout le reste, en déceptions de toutes sortes, au moment où nous étions séparés des bureaux de la *Revue des Deux-Mondes* par les lignes prussiennes et où j'essayais d'exprimer mes prévisions douloureuses, cent fois dépassées par nos malheurs, si on m'avait dit que je me rencontrais avec madame George Sand dans mes jugements sur les hommes du 4 septembre, et notamment sur M. Gambetta, on m'aurait bien étonné. Pourtant, rien de plus vrai. Ouvrez la *Revue* du 1ᵉʳ avril; lisez le *Journal d'un Voyageur* [1]

---

[1]. *Journal d'un voyageur pendant la guerre*, Michel Lévy frères, éditeurs.

pendant la guerre; vous partagerez ma surprise, et vous me permettrez d'ajouter un court *post-scriptum* à ces pages si émues et si vraies.

Comment expliquer cette conversion subite de la femme célèbre, dont le talent a constamment vécu de paradoxes, qui traduisit jadis en romans les rêves de Pierre Leroux, et que nous avions vue, en 1848, faire aumône de son style aux fameux *bulletins* de M. Ledru-Rollin? Est-ce parce que les esprits supérieurs ne peuvent être absolument faux, et que, en face d'un certain degré d'évidence, ils reçoivent, au moins par un côté, la vérité et la lumière? N'est-ce pas plutôt parce que la *paysannerie*, qui a si bien réussi à l'auteur de *François le Champi* et de la *Mare au Diable*, a prévalu cette fois, sous sa plume, contre les sophismes révolutionnaires et démagogiques?

Mêlée, de longue date, aux populations rurales qu'elle idéalise et aime, témoin de leurs angoisses au début de cette fatale guerre, assez éclairée, assez compatissante pour comprendre tout ce qu'il y avait de cruel et d'insensé dans ces levées en masse.

dans ces rodomontades à grand orchestre, faux semblants de patriotisme, fausse monnaie d'éloquence, madame Sand a loyalement suivi les inspirations de son cœur, et son cœur a pris parti pour *Jacques Bonhomme* contre les misérables phraseurs de guerre à *outrance*, de *pas un pouce de territoire*, de *pacte conclu avec la victoire ou avec la mort ;* phrases meurtrières qui n'ont épargné que leurs auteurs, et dont chaque syllabe nous a coûté un torrent de sang et un milliard !

Depuis qu'une réaction vengeresse a commencé contre ces grands coupables — hélas ! c'est leur seule grandeur ! — digne continuateurs de l'Empire dont ils ont envenimé les fautes, je n'avais rien lu de plus énergique, de plus concluant, de plus accablant que ce *journal*, j'allais dire ce réquisitoire de madame Sand. Quelques citations, prises au hasard, m'amèneront à quelques remarques finales.

Elle n'a même pas eu ces illusions d'un jour ou d'une heure, sans cesse sollicitées par des dépêches qui semblaient arrangées tout exprès pour rendre plus poignant le mécompte du lendemain : — « Que peuvent d'héroïques efforts, si les causes profondes d'insuccès que personne n'ignore et que nul n'ose dire augmentent chaque jour? — Et elles augmentent. »

« Il faut croire que M. Gambetta est un grand acteur ; car il est un écrivain bien médiocre. »

« La France est ruinée, pillée, ravagée à la fois par l'ennemi implacable et les AMIS FUNESTES. »

Les amis funestes! George Sand écrivait cela des Gambetta, des Laurier, des Ferry, des Esquiros ; que dit-elle aujourd'hui des Assi, des Cluseret, des Raoul Rigault et des *Pipe-en-Bois?*

Voici les premiers traits d'une esquisse désormais acquise à l'histoire : « Un homme sans lassitude et SANS SCRUPULE dispose de la France. On ne peut mieux le définir qu'en disant que c'est un tempérament révolutionnaire. Ce n'est pas assez ; toutes les mesures prises par lui sont la preuve d'un manque de jugement qui fait avorter ses intentions et ses efforts... »

« Ce manque de jugement explique l'absence d'appréciation de soi-même. C'est un grand malheur de se croire propre à une tâche démesurée, quand on eût pu remplir d'une manière utile et brillante un moindre rôle. Il y a eu un de ces funestes hasards de situation que subissent les nations mortellement frappées, et qui leur portent le dernier coup; mais à quel parti se rattache ce jeune aventurier politique?... Il a donné sa confiance, les fonctions publiques, et, ce qui est plus grave, les affaires du pays à tous ceux qui sont venus s'offrir, les uns (bien peu!) par dévouement sincère, les autres pour satisfaire leurs mauvaises passions ou pour faire de scandaleux profits. Il a tout pris au hasard, pensant que tous les moyens étaient bons pour agiter et réveiller la France, et qu'il fallait des hommes et de l'argent à tout prix. Il n'a eu aucun discernement dans ses choix, aucun respect de l'opinion publique... »

Parlons franc : au moment où j'étais insulté, pour les beaux yeux, non, pour le bel œil de M. Gambetta, par les journaux démagogiques, j'en pensais peut-être autant ; mais je n'en disais pas davantage.

Ceci est à la date du 17 janvier. Cette plume républicaine avait encore quelques ménagements à garder. Trois semaines après, quand tout est fini, George Sand complète ce portrait, effrayant de ressemblance :

« Je donnerais beaucoup pour être sûre que le dictateur a remis sa démission. Je commençais à le haïr pour avoir tant fait souffrir et mourir inutilement.

» Ses adorateurs m'irritaient en me répétant qu'il nous avait sauvé l'honneur. Notre honneur se serait fort bien sauvé sans lui. La France n'est pas si lâche qu'il lui faille un professeur de courage et de dévouement devant l'ennemi. Tous les partis ont eu des héros dans cette guerre, tous les contingents ont fourni leurs martyrs. Nous avons bien le droit de maudire celui qui s'est présenté comme capable de nous mener à la victoire et qui ne nous a menés qu'au désespoir. Nous avions le droit de lui demander un peu de génie ; il n'a même pas eu de bon sens... »

Et moi, moins charitable, *je donnerais beaucoup* pour que cette page, écrite par l'amie de presque tous nos républicains célèbres, fût affichée à la porte de toutes les mairies et récitée par le crieur public dans toutes les communes de France. Ce ne serait, hélas! qu'une bien faible revanche pour les mères et les femmes condamnées par ce *maudit*, — prodige de suffisance et d'insuffisance, — à l'isolement et au deuil, pour les provinces envahies qui sans lui seraient intactes, pour les campagnes qu'il a dépeuplées, pour l'agriculture qu'il a frappée de mort, pour l'industrie qu'il a ruinée, pour la France qu'il a couverte de cadavres ensevelis sous un linceul de neige, pour Paris auquel il a préparé, par ses hâbleries, les stériles souffrances du siége, les horreurs de la guerre civile, les infâmes saturnales du vice, de l'anarchie, du crime, du pillage, du sacrilége et de l'opprobre.

George Sand ajoute qu'elle va se hâter de l'oublier ; nous sommes d'un avis contraire ; on oublie trop en France, et ce bénéfice de l'oubli, à échéances presque symétriques, ramène trop souvent les mêmes hommes, prêts à commettre les mêmes fautes et à créer les mêmes périls. La légèreté de l'esprit français se combine ici avec un défaut et une qualité ; l'opposition frondeuse à ce qui est ; le pardon généreux à ce qui n'est plus.

Si l'on s'était souvenu du mal affreux qu'avaient fait à la France les dernières années du premier Empire, jamais le bonapartisme n'aurait réussi à enrôler la jeunesse *libérale* sous un drapeau taché de sang par un despotisme implacable.

Si nous n'avions pas oublié les équipées de Boulogne et de Strasbourg, si absurdes, si niaises, si grotesques, marquées d'un tel caractère de mépris pour la vie humaine et le repos du pays, nous n'aurions pas sacrifié la poésie de Lamartine et l'honnêteté de Cavaignac à un aventurier sans foi ni loi, prince croisé de *carbonaro*, criblé de dettes, forcé d'être empereur pour cesser d'être insolvable, entouré des personnages de la *Pension Vauquer* et des *Mystères de Paris*, et prêt à jouer notre fortune et notre salut sur des cartes bizeautées.

Enfin, si nous avions eu présents à l'esprit les épisodes de 1848, où se révélèrent l'incapacité, l'imprévoyance, l'aveuglement, le décousu, la faiblesse des républicains d'alors, bien supérieurs pourtant à ceux d'aujourd'hui, nous n'aurions pas vu reparaître ces vieilles figures des Garnier-Pagès, des Arago, et autres *Burgraves* démocratiques, ailes de pigeon révolutionnaires, plus vite démodées que les voltigeurs de 1815; exhumées plutôt que ranimées, fantômes plutôt que personnages, prédestinées à organiser le convoi de la troisième République après avoir enterré la seconde. Non, n'oublions pas! il ne s'agit, bien entendu, de demander ni des mises en accusation, ni des enquêtes, ni aucun de ces moyens violents qui changent les malfaiteurs en martyrs, mais simplement d'inscrire en caractères indélébiles le mot *Remember* à côté de certains noms voués à nos inflexibles rancunes. Qu'il ne suffise plus de tomber pour être amnistié, de rêver paisiblement, dans un château en Espagne, qu'on a sauvé la patrie, pour qu'on vous pardonne de l'avoir perdue !

Encore deux lignes et je finis; car il faudrait tout citer, principalement les passages où l'éloquent écrivain revendique les droits de l'humanité, de l'égalité et de la justice contre ces atroces et dérisoires dépêches où les *pertes sérieuses* et les *pertes sensibles* succédaient aux *pertes énormes;* contre les patriotes d'estaminet qui, le verre à la main et les pieds chauds, décrétaient la résistance *jusqu'à complet épuisement,* contre les avocats qui prennent au paysan ses fils pour faire des fortifications *avec sa chair et son sang.* Accablée par l'évidence, par l'invincible logique, par le spectacle de ces cruautés et de ces folies qui sont toutes de provenance et de physionomie révolutionnaires, madame Sand arrive, malgré elle, à écrire cette phrase significative : « Si je dois encore une fois assister à la mort de la République, j'en ressentirai une profonde douleur... Si cette amertume nous est réservée, ô mes amis, ne maudissons pas la France !... »

Ce qui, étant donnés les antécédents de l'auteur,

signifie en bon français : « Je vais assister encore une fois à la mort de la République, et la France aura toutes sortes de vives raisons pour m'infliger cette amertume. »

Remarquez que cette phrase ou cette réticence est du 9 février, et mesurez le chemin que nous avons parcouru depuis lors. On pouvait croire, il y a trois mois, au patriotisme, à l'héroïsme, à l'abnégation courageuse de la garde nationale de Paris, et, comme ces sacrifices et ces efforts s'étaient accomplis au nom de la République, il n'était pas trop absurde de supposer que cette vaillante initiative de la *capitale*, habituée à nous dominer de ses influences, nous réconcilierait peut-être avec l'idée républicaine.

Mais, maintenant ! c'est Paris, le Paris du 18 mars et de la Commune, qui égorge la République de ses mains sanglantes : elle était difficile, il la rend impossible ; elle était périlleuse, il la rend mortelle ; elle nous ruinait, il la déshonore.

Sur cette première couche de décombres où gisaient toutes nos grandeurs et toutes nos espérances, il accumule, par lambeaux, tout ce qui pouvait ennoblir le malheur et consoler de la défaite.

Elle lui servait de texte et de mot d'ordre contre les Prussiens; il en fait leur auxiliaire et leur complice.

En la précipitant à ses extrêmes, en lui arrachant avec furie tout le mal qu'elle peut produire, il force les plus indifférents et les plus sceptiques de chercher leur refuge à l'extrémité contraire, dans le rétablissement du principe monarchique, dans sa personnification la plus haute, la plus pure, la moins discutable, la plus complète.

Je reviendrai, dans une prochaine causerie, sur ce point essentiel, sur cette question de vie et de mort, importante hier, nécessaire aujourd'hui, urgente demain.

En dehors de tout esprit de parti, de ce sentimentalisme royaliste qu'on nous a souvent reproché, j'espère prouver que cette solution, réclamée par nos intérêts les plus positifs, synonyme du *to be or no to be*, résultante inévitable des catastrophes qui se pressent, facile à déduire avec une rigueur toute mathématique, écrite d'avance en chiffres sur notre livre de *doit et avoir*, est la seule qui puisse nous sauver, si le salut est encore possible.

Vous ne me croiriez pas si je vous disais que George Sand a pu écrire trente pages sans une échappée de paysage et de prose descriptive : « il fait un temps délicieux ; j'ai écrit la fenêtre ouverte. Les bourgeons commencent à se montrer ; le perce-neige sort du gazon ses jolies clochettes blanches rayées de vert. Les moutons sont dans le pré du jardin ; ce serait une douce et heureuse journée, s'il y avait encore de ces journées-là ; mais le parti Gambetta nous en promet encore de bien noires... »

Ce contraste des douceurs de la nature et de la méchanceté des hommes n'est jamais plus saisissant que pendant les crises révolutionnaires. Nous le retrouvons au commencement de ce siècle, parmi les prosateurs et les poëtes, et il ne serait pas impossible que cette corde mélancolique, chère à Chateaubriand, à Gœthe, à Lamartine, vibrât de nouveau à mesure que nous centuplons l'héritage de discorde et de malheur légué par nos devanciers.

Ce matin, dans une touffe d'aubépine en fleur, encore tout humide d'une pluie d'avril, j'ai découvert le nid, à peine achevé, d'une fauvette à tête noire. Pour construire ce nid, elle avait artistement mêlé à des brins d'herbe et de paille quelques petits morceaux d'un journal, oublié sans doute sur le gazon par un politique de village. A travers le grêle feuillage et les gouttelettes secouées par la brise matinale, je lisais sur ces fragments d'un bulletin de la veille : « La Commune... Assi et Cluseret... Les gardes nationaux ont arrêté le premier vicaire de Notre-Dame de Lor... La canonnade a été vive... Les insurgés ont été battus... Les canons sont toujours braqués... une barricade formidable... Mort aux traîtres et aux bandits de Versailles ! » Quel contraste et quelle leçon, cet innocent oiseau du ciel trouvant dans le récit de nos fureurs de quoi faire un abri à ses tendresses! Mais que dis-je? Les fauvettes et les ramiers sont des maîtres trop doux pour les Français de 1871. Avant peu, c'est aux tigres et aux hyènes que nous aurons à demander des leçons — et peut-être à en donner.

20 avril 1871.

III

LA PRUSSE ET LA COMMUNE

Quelques esprits bénévoles s'étonnent que l'armée prussienne assiste, les bras croisés, depuis cinq semaines, à l'ignoble et sanglant mélodrame dont le dénoûment se fait bien attendre et où il lui serait si facile d'opérer de larges coupures.

Comment expliquer tant de longanimité et de patience en face de ces hideux spectacles qui, coûtant cent millions par jour à Paris et à la France, ont pour résultat logique de retarder ou de compromettre le payement des fameux milliards ?

L'explication me paraît très-simple, bien qu'elle soit double, c'est-à-dire financière et politique. Au point de vue de la question d'argent, la Prusse est rassurée par une immense hypothèque qui devrait nous faire réfléchir ; car elle plane en ce moment, comme un oiseau de proie, sur les cinquante-sept départements qui n'ont pas été envahis.

Que l'insurrection parisienne se prolonge; qu'elle livre les fortunes publiques et privées à des repris de justice et des échappés de Charenton ; que le peu d'or et d'argent qui nous reste se fonde au feu de la guerre civile ; que notre fière et opulente *capitale* ne soit plus qu'une bohémienne en haillons, mendiante, pillarde et affamée ; que leur importe, à ces calculateurs qui ont fait de la guerre un théorême, de la victoire une affaire, et de la paix une *addition?* Nantes, Lyon, Bordeaux, Saint-Étienne, Toulouse, Nîmes, Marseille, Lille, Rennes, Montpellier, les riches vignobles de la Gironde, les grasses campagnes du Berri, les beaux pâturages de la Bresse et du Beaujolais, les truffières du Périgord, les mines du Rouergue et des Cévennes, les fraîches prairies du Comtat, les plaines fertiles de la Provence, les grandes lignes de chemins de fer, les grandes usines de houille et de charbon, les soieries de Lyon comme les faïences de Limoges, les garances d'Avignon comme les parfumeries de Grasse, autant *d'hypothéqués* sans le savoir, autant d'endosseurs involontaires de la lettre de change que Paris laisserait protester ou essayerait de déchirer.

Tous tant que nous sommes, habitants des provinces épargnées par l'invasion germanique, nous aurions à *répondre* pour ceux qui achèveraient de rendre insolvables la France et son gouvernement. Nos impitoyables créanciers ont, dès à présent, recours contre nous; recours d'autant plus facile que personne aujourd'hui ne songe plus à ces fanfaronnades de défense locale qui ont fait inutilement dépenser tant de paroles, d'argent et d'écritures; que l'on sait à quoi s'en tenir sur l'efficacité, l'opportunité et la solidité des camps, avant-camps et arrière-camps; que les farines entassées dans les églises lyonnaises ne sont plus bonnes qu'à faire mentir le proverbe sur la maigreur des rats d'église, et que vous ne trouveriez plus, ni sur le quai de Saône, ni sur les bords de la Garonne, ni en pleine Cannebière, un seul héros de café, d'humeur assez belliqueuse pour oser représenter comme possibles cinq minutes de résistance.

Ainsi donc, amis du peuple, journalistes incendiaires, charlatans de clubs, défenseurs, à tant par émeute, du travailleur et du pauvre, agitateurs de nos grandes ou de nos petites villes, démocrates ou démagogues de toutes les nuances de l'écarlate et du cramoisi, sachez-le bien ! Si les premiers symptômes de renaissance agricole, commerciale, industrielle, sociale, signalés dès les préliminaires de paix, ont disparu dans un sinistre chaos ; si les épaves sauvées du naufrage sont brisées et englouties ; si cette abominable crise, survenant après huit mois de désastres, suspend de nouveau toutes les affaires, paralyse la charité, glace le patriotisme, redouble la gêne du riche et la misère de l'indigent ; si enfin, douleur plus horrible que tout le reste ! les départements encore intacts devaient subir à leur tour l'invasion avec son épouvantable cortége de terreur, d'incendies, de réquisitions, de pillage et de ruine; si nous devions y perdre la dernière consolation des affligés et des malheureux, celle de pouvoir secourir de plus malheureux et de plus affligés que nous, — c'est à vous et aux vôtres, ouvriers de cette œuvre infernale, état-major de Dombrowski et de Cluseret, émissaires gagés de la démagogie furieuse et peut-être du bonapartisme aux abois, qu'auraient à s'en prendre, non pas les aristocrates et les réactionnaires dont vous faites semblant de poursuivre le fantôme, mais nos paysans, nos artisans, nos boutiquiers, nos populations urbaines et rurales, qui sont du peuple, j'imagine, et du vrai peuple, tout autant que les habitués de Mazas et de la Roquette, délivrés par vos loyales mains !...

Mais ce n'est là qu'un côté — et le moindre — de cette bizarre question des mystérieuses affinités entre la Prusse et la Commune, pour faire suite aux cordiales relations du grand-duc Rodolphe de Gérolstein avec son ami le *Chourineur*. Il en est un autre plus cruel, plus humiliant et plus effrayant.

Il nous est permis de haïr M. de Bismark, et je

déclare profiter de la permission. On doit avouer pourtant qu'il possède toutes les qualités d'un homme d'État; d'un homme d'État d'une autre envergure que nos illustres bavards qui ont cru aux vertus patriotiques des gardes nationaux de Montmartre et de Belleville, ou qui pleuraient d'attendrissement lorsque Rochefort promettait à Trochu l'innocent concours des professeurs de barricades.

Bismark est donc un grand politique, trop clairvoyant pour ne pas comprendre qu'on ne détruit pas en six mois un pays tel que la France, qu'on ne saccage pas un tiers de son territoire, qu'on ne s'annexe pas deux de ses plus belles provinces, qu'on n'exige pas d'elle, pour le reste, une rançon écrasante, qu'on ne déguise pas un roi de Prusse en empereur d'Allemagne avec des allures d'aspirant à la monarchie universelle, sans émouvoir profondément les grandes puissances européennes.

Une fois le premier moment donné aux vieilles et secrètes rancunes, au malin plaisir de voir humiliés, vaincus et ruinés les petits-fils des vainqueurs d'Austerlitz et d'Iéna, les assiégeants de Sébastopol, les combattants de Solférino, il était clair que la Russie, l'Autriche et l'Angleterre, seraient à la fois alarmées et jalouses, qu'elles n'attendraient qu'une occasion pour dire à ce géant dont la croissance subite menaçait de faire craquer toutes les coutures des traités et toutes les frontières des empires : « ôte-toi de mon soleil ! »

Une réaction s'opérait d'ailleurs en l'honneur de la France, qui s'était attiré, au début, des railleries internationales par son incorrigible manie de chauvinisme et de jactance.

L'excès même de nos malheurs réveillait les sympathies. Il y avait quelque chose de pathétique et de touchant dans l'héroïsme inutile de ces jeunes fils de famille, ajoutant une page au livre d'or de la noblesse française et suppléant à nos armées anéanties.

Le siége de Paris, idéalisé par le lointain, légendaire avant d'être historique, empruntant aux rigueurs de l'investissement je ne sais quelle couleur épique, antidatée de dix siècles, avait vivement frappé les imaginations et les âmes. Qu'il fût immédiatement suivi d'un immense mouvement national dont je démêlais avec joie les premiers indices, et qui eût consisté à nous saigner aux quatre veines pour abréger, à force de sacrifices, l'occupation allemande, nous aurions regagné dans l'opinion tout le terrain que nous perdions sur la carte. Cette paix, atroce, mais non pas ignominieuse, servait de point de départ à une ère nouvelle. Notre stoïque défaite devenait plus glorieuse que l'âpre victoire et la brutale curée de nos ennemis. Les fourches caudines se changeaient presque en arc de triomphe, et l'Europe, tranquillisée par notre épuisement, rassasiée dans ses vieilles rancunes, s'inclinant devant la dignité d'un désastre supporté sans faiblesse, tournait du côté de nos orgueilleux et rapaces vainqueurs ses appréhensions, sa méfiance, ses griefs, peut-être ses velléités d'armement et d'hostilités.

L'orgie communale et communiste de Paris nous fait tomber plus bas que jamais, et fournit à M. de Bismark un admirable texte vis-à-vis de l'Europe. « Nous ne sommes plus les intéressantes victimes d'une guerre malheureuse et d'un adversaire intraitable; notre pays, notre capitale servent de foyer et de centre à ce cosmopolitisme révolutionnaire qui pourrait bien menacer Londres, Vienne, Saint-Pétersbourg et Berlin, après avoir bouleversé Paris et la France. Notre amoindrissement au profit d'une puissance régulière et fortement organisée n'est pas fait pour inquiéter les autres puissances, mais pour les rassurer; car il diminue d'autant notre faculté d'expansion démagogique; il affaiblit ce prestige qui faisait de nous, à certains moments, les *allumeurs* de la Révolution Européenne.

« Les trônes et les chancelleries ont bien moins à redouter une royauté qui s'agrandit qu'une population qui s'agite. Des intérêts communs, des précautions diplomatiques, peuvent arrêter une épidémie de conquête; rien n'arrête une contagion de propagande internationale pour la chute des rois et des empereurs. Il faut rabattre les trois quarts de cet héroïsme parisien, gonflé comme ses ballons. Ce n'était qu'une forme de l'insurrection en permanence et de la barricade à perpétuité. La plupart de ces héros provisoires, bien nourris, bien équipés, bien abreuvés, médiocrement exposés, pelotaient en attendant partie; ils préludaient, en combattant les Prussiens ou en ayant l'air de les combattre, à une lutte bien autrement passionnée contre tout ce qui gêne leurs criminelles convoitises. La défense leur servait à préparer les munitions de l'émeute. Il a suffi de l'armistice pour faire tomber de ces visages communistes les masques patriotiques et montrer tout ce que cette multitude travestie en armée mêlait d'alliage à quelques filons d'or pur. » — On le voit, le texte est riche, et je me borne à en indiquer les principaux arguments.

Telle est l'inévitable conséquence du sinistre épilogue de cette guerre. Il *réhabilite*, à nos dépens, M. de Bismark, ses victoires, ses duretés et ses exigences. Il métamorphose en tournois de chevaliers et de troubadours les atrocités commises par les troupes allemandes. Il nous rend plus odieux et plus suspects à l'Europe que si nous avions été conquérants et vainqueurs. Il nous prive du bénéfice idéal de la défaite et du malheur. Jalouses de Guillaume, mais effrayées de Cluseret, les monarchies européennes choisiront, entre deux maux, celui qui leur paraîtra le moindre; elles aimeront mieux être contrariées dans leur amour-propre que troublées dans leur sécurité.

Ainsi, les châtiments s'enchaînent et se déduisent l'un par l'autre avec une rigoureuse logique. Le jour où une poignée d'avocats, absolument dépourvue de l'esprit de gouvernement, se fit adjuger le pouvoir par l'émeute, ces maîtres improvisés sans aucune espèce de mandat populaire se condamnèrent d'avance à accepter l'appui de quiconque ne voyait dans la guerre qu'un moyen de galvaniser la République, et dans la République qu'un passe-port pour la violence et le désordre.

Le jour où la délégation de Tours décréta des ovations en l'honneur de Garibaldi et déclara le recevoir à *bras ouverts*, elle introduisit dans la défense nationale ce cosmopolitisme révolutionnaire qui devait peu à peu se substituer au patriotisme français, et lui dire : *c'est à vous de sortir!* comme Tartufe à Orgon. Seulement, au lieu de vivre *sous un prince ennemi de la fraude*, nous vivions sous une République forcée de la subir. Rendons-lui cette justice, elle ne s'est que trop bien acquittée de sa tâche. Elle a tout fraudé, sa propre origine, la souveraineté du peuple, l'autorité, la liberté, la vérité, le patriotisme, les subsistances, les draps, les cuirs, les tuniques et les chaussures.

Non, jamais peuple n'est tombé si bas. En moins de huit mois, nous avons subi six fléaux dont un seul suffirait à tuer une nation malade. Nous avons vu successivement la guerre envenimée par la défaite, la défaite par l'invasion, l'invasion par la république, la république par l'anarchie, l'anarchie par la guerre civile, la guerre civile par le crime et le pillage.

Nous sommes au ban de l'Europe qui ne demandait qu'à nous plaindre, et peut-être à nous secourir. Encore un peu, et la Prusse dont les conquêtes lui portaient ombrage, dont les violences avaient mérité son blâme, lui apparaîtra comme la vengeresse du droit, de la religion, de l'autorité et de la justice, comme une digue de fer et de bronze contre la république universelle. Nous ressemblerons, nous, à ces personnages tragiques sur qui retombait le poids des calamités publiques et que l'épouvante des peuples condamnait à mort pour apaiser le courroux des Dieux.

Doit-on en conclure qu'il nous soit impossible de nous relever? Si je le croyais, je n'écrirais pas.

Oui, nous pouvons nous sauver encore, mais à condition de comprendre que l'homéopathie ne vaut rien en politique et que prolonger outre mesure une situation fausse, c'est aggraver le malaise et le péril.

Or, quoi de plus faux qu'une situation pleine de sous-entendus, de prétéritions et de réticences, qui nous montre un illustre orléaniste, entouré de quelques invalides de la République honnête, s'efforçant de donner un semblant de vie à un fantôme de République officielle, entre une chambre monarchique et un accès de fièvre communiste? Ce qui est urgent, si on veut arriver à une régénération matérielle et morale, c'est de raviver ce qui nous manque le plus, le principe d'autorité, et de le retremper à sa véritable source; c'est de retrouver ce que nous perdons chaque jour davantage, la confiance de ceux qui peuvent nous venir en aide, depuis le plus riche banquier jusqu'au plus humble capitaliste, et, avec la confiance, le crédit, et, avec le crédit, ces ressources idéales qui ne tardent pas à se convertir en richesse réelle.

Nous inspirons en ce moment à l'Europe un sentiment pénible, mélangé de frayeur, de pitié et de dégoût; pour changer ce sentiment en respect, il suffirait d'un nom.

Pour faire face à une dette colossale, à un déficit énorme, à une rançon gigantesque, nous ne pouvons espérer que des emprunts usuraires; car le taux de l'emprunt se mesure à l'estime que mérite le débiteur et aux garanties qu'il présente. Que la France rentre dans le vrai, et nous verrons, non-seulement les capitaux affluer dans les conditions les moins onéreuses, mais l'emprunt secondé, allégé et abrégé par la reprise des affaires, des flots de séve et de vie ranimant l'industrie, l'agriculture et le commerce, le patriotisme retrouvant ses plus nobles flammes et ajoutant ses offrandes et ses sacrifices à toutes les ressources du crédit, à tous les éléments de la richesse publique.

Ceci me ramène à la question des cinq milliards, dans leurs rapports avec telle ou telle solution politique, telle ou telle forme de gouvernement. C'est beaucoup, cinq milliards : Eh bien ! nous arriverons à une somme beaucoup plus forte encore, si nous calculons la différence entre tout ce que l'anarchie nous ôte et tout ce que la monarchie pourrait nous rendre.

23 avril 1871.

IV

PARIS

Assurément M. Guizot et M. Thiers sont les deux hommes de France qui auraient le plus de droits, de motifs ou de prétextes pour haïr Paris et lui vouer d'inflexibles rancunes.

Premier ministre d'une monarchie qu'il avait contribué à fonder, soutenu dans les Chambres par une majorité compacte, s'appuyant en province sur les intérêts matériels, affermi en Algérie par quelques succès définitifs, pouvant se figurer, sans trop d'aveuglement, que jamais le pays n'avait été plus riche, plus libre, plus tranquille et plus prospère, croyant avec beaucoup de bons esprits que l'agitation soulevée par la réforme électorale s'exhalerait en discours, tomberait sous la table des banquets ou se noierait dans des chopes de bière, M. Guizot a vu Paris renverser, en quelques heures, cet édifice dont on peut dire qu'après avoir résisté dans sa faiblesse, il succombait dans sa force.

Comme pour rendre la catastrophe plus douloureuse et la mortification plus poignante, il a su que sa propre impopularité avait une large part dans le naufrage, et qu'à ce cri : *Vive la réforme!* répondait de tous côtés cet autre cri : *A bas Guizot!* Il n'a pu se dissimuler que, si, pendant ces heures de fièvre et de délire, il était tombé entre les mains de cette multitude furieuse, il aurait été déchiré et mis en lambeaux comme Orphée par les Bacchantes.

Pour avoir été moins définitives, les déceptions de M. Thiers, dans ses rapports avec nos bons et spirituels Parisiens, n'ont pas été moins désobligeantes. Antagoniste attitré de M. Guizot, il pouvait espérer que son cher Paris lui adjugerait sa succession et le ferait profiter de sa chute. Chimère! il était, à quatre heures du soir, plus impopulaire, plus impuissant, couvert de plus de huées et de sifflets que son adversaire ne l'avait été à huit heures du matin. Quinze jours après, il fallait que les gardes nationaux amis de l'ordre, — quels amis! — s'installassent chez lui pour protéger son hôtel contre les attaques nocturnes des démagogues d'alors; et, comme il ne pouvait se dispenser d'abreuver largement ce zèle conservateur, l'éminent homme d'Etat disait en riant à ses amis qu'il ne savait qui lui coûtait le plus cher : de ses défenseurs, qui vidaient sa cave, ou de ses agresseurs qui voulaient emporter ses meubles.

Plus tard, quand l'opposition parisienne acheva de s'accentuer dans les élections, M. Thiers, pour être élu à une assez mince majorité, eut besoin d'être patroné par les Favre, les Picard et les Pelletan, et accepté, comme pis-aller, par la consigne républicaine.

En juillet 1870, lorsque la plus effrayante des guerres fut acclamée par les Parisiens comme la plus facile et la plus agréable des promenades militaires, M. Thiers, pour avoir fait entendre quelques paroles sensées, risqué quelques conseils de prudence, fut traité de radoteur, de poltron, de Prussien et de traître. Les journaux parisiens par excellence le bafouèrent, et il fut sérieusement question, parmi les communeux, communaux ou communistes de l'avenir, de le jeter dans la Seine.

Quant aux derniers épisodes de ses relations parisiennes, ils sont trop connus et ne sont pas assez finis pour que j'en parle. Honoré encore et respecté, malgré ses hésitations et ses fautes, par tout le reste de la France, M. Thiers, à Paris, est un monstre, un bourreau, un cannibale, un Caligula parlementaire disputé aux Parques par les Furies. Les plus modérés le qualifient d'idiot, de fou et d'ivrogne. Sa tête est mise à prix, son hôtel au pillage, et celui que l'ex-empereur appela un jour l'historien national, a la douleur de savoir ses papiers les plus précieux fouillés ou dispersés par les mains grossières des sbires de Raoul-Rigault et des séides de Cluseret.

Eh bien, telle est la puissance de certaines illusions, la persistance de certains plis, que MM. Guizot et Thiers ont commis, à quelques jours de distance, une erreur d'optique ou une capitulation d'idées dont sauraient se préserver les plus médiocres esprits.

M. Guizot, dans une lettre dont il m'est difficile de comprendre le sel et le sens, même en supposant que nos journaux ne nous en aient donné qu'un fragment traduit de l'anglais, a écrit à peu près ceci : « Dans notre désastre, c'est Paris qui a sauvé l'honneur de la France. » Dans une de ces proclamations dont il est trop prodigue, n'ayant eu jusqu'à présent rien de bien brillant à nous annoncer, M. Thiers n'a pas craint de dire : « Paris est républicain. »

Voyons ! Si vraiment Paris a sauvé l'honneur de la France, ce titre est assez éclatant pour faire pardonner bien des peccadilles et même quelques crimes. Si réellement Paris est républicain, il y aurait là de quoi nous forcer à réfléchir ; car, si décidés que nous soyons à *décentraliser*, nous n'entendons pas supprimer Paris ; même en lui ôtant quelques-unes de ses prérogatives, son opinion serait encore d'un grand poids dans la balance.

Mais, au risque de me couvrir de ridicule en osant contredire deux hommes aussi illustres, je réponds hardiment :

— Non, Paris n'a pas sauvé la France. — Non, Paris n'est pas républicain.

Et j'ajoute : S'il était républicain, il serait si insensé ou si bête, qu'il faudrait immédiatement le faire interdire.

Ce qui a sauvé l'honneur de la France, c'est justement ce qu'il y a eu de moins parisien dans les éléments de la défense nationale. C'est le dévouement de ces fils de famille qui, suspects à la République, la voyant hostile à tout ce qu'ils aimaient ou vénéraient, n'en ont pas moins couru au-devant du péril, tandis que les journalistes et les avocats déclamaient à cent lieues des Prussiens. C'est l'héroïsme de ces prêtres, de ces *cléricaux*, de ces sœurs de charité, qui, injuriés ou persécutés par les créatures de Gambetta ou les compagnons de Garibaldi, n'écoutaient que l'appel désolé de la France au milieu des vociférations démagogiques ou impies. C'est la bravoure des mobiles, des vendéens, des zouaves pontificaux, de ces *bretons de Trochu*, sans lesquels la journée du 31 octobre, déjà si fatale, nous eût précipités, cinq mois plus tôt, dans l'anarchie et l'opprobre. C'est, en un mot, ce qu'il y a de plus contraire à la *blague* parisienne. Celle-là, nous commençons à savoir ce qu'elle a fait, ce qu'elle a laissé faire et ce qu'elle s'est vantée d'avoir fait.

Les derniers événements jettent un jour impitoyable sur les phases précédentes ; l'épilogue explique le drame. Jamais je n'admettrai qu'on puisse être un héros en octobre et un bandit en avril. Toujours je me refuserai à croire qu'on ait pu être un foudre de guerre en novembre et qu'on soit, en mars, un trembleur.

Or la population de Paris, aussitôt après la levée du siége, s'est divisée en deux parts : une minorité d'un contre dix s'est déclarée en révolte ouverte, non-seulement contre telle ou telle éventualité politique, mais contre tout ce qui n'est pas destruction, sacrilége, meurtre, vol et pillage. Elle a fait succéder aux horreurs du blocus l'horreur d'une tyrannie moins grandiose et plus odieuse que celle de 93. Une majorité de dix contre un a subi ce joug infâme qui suffirait à la honte d'un siècle et d'un peuple, sans songer à autre chose qu'à s'esquiver ou à se cacher.

Franchement, si vous voyez dans tout cela trace de vertus patriotiques et stoïques, dignes de sauver l'honneur d'un grand peuple, vous avez de trop bons yeux, et je me déclare myope.

Au surplus, les inductions et les hypothèses sont inutiles. Entre la capitulation de Paris et le triomphe de la Commune, un temps bien court s'est écoulé ; assez long cependant pour que la Province, presque toujours dupe quand elle n'est pas victime, pût se renseigner sur ces modèles d'abnégation et de vaillance, résignés à mourir de faim ou à se faire chair à canon pour l'honneur et le salut de la France.

Bon nombre d'échappés de Paris sont venus, notamment, demander un peu de repos et de soleil au littoral de la Méditerranée ; tous ont été unanimes. Le Parisien *pur-sang*, celui qui devait, trois mois plus tard, grossir les rangs de la révolte ou le personnel de la déroute, s'est fort peu battu et n'a pas beaucoup souffert. Pour l'immense armée des ouvriers sans travail et sans envie de travailler, des petits boutiquiers sans clientèle, des marchands ruinés par la guerre ou le siége, des rapins d'atelier, des étudiants de treizième année, de ces industriels véreux qui pullulent sur le pavé de Paris, de ces gavroches qui font joujou de fusils et de barricades, de ces vagabonds qui couchaient dans les carrières d'Amérique et s'affiliaient au *clan du vol*, la défense n'était qu'une variante des ateliers nationaux, en uniforme, le sabre au côté et le fusil à la main, avec accompagnement de haute paye, de rations supplémentaires et de vin à discrétion. Le soin de veiller aux remparts, que l'ennemi se gardait bien d'attaquer, servait de prétexte à d'interminables parties de bouchon et de bezigue.

Quant aux sorties meurtrières, aux véritables combats, ces héros — ceux surtout qui éclatent aujourd'hui — y brillaient par leur absence, et la preuve, c'est le chiffre relativement minime — trois cents — de morts et de blessés, signalé, en cinq mois de siége, parmi les gardes nationaux sédentaires. Au fond, ce n'était pas là leur affaire.

Leur affaire était de sauvegarder la République à leur façon, c'est-à-dire en l'envenimant, de fraterniser avec Blanqui, Mégy et Ranvier, de surveiller Trochu, Ducrot et Vinoy, et de leur susciter des embarras très-profitables aux Prussiens. Il en résultait, entre les chefs militaires et cette partie de leurs troupes, des méfiances réciproques qui n'ont pas peu contribué à rendre illusoire cette défense trop vantée.

Ces sorties que le porte-voix de M. Gambetta transformait en chants d'Homère, traduits par Bitaubé, et qui n'ont été qu'une illusion et un mécompte de plus, savez-vous pourquoi elles tournaient court et n'aboutissaient qu'à une perte inutile d'hommes, de munitions et d'argent? Parce que les généraux étaient encore plus inquiets des masses séditieuses qu'ils laissaient derrière eux que de l'artillerie invisible qui les arrêtait au passage; parce qu'il leur était impossible de prolonger la lutte au dehors sans aggraver le péril au dedans.

Voilà la vérité *vraie*, celle que l'histoire va écrire en marge des journaux, des dépêches et des brochures destinées à flatter les multitudes. Et maintenant, dites-moi si nos pauvres soldats, nos pauvres martyrs des bords de la Loire et des frontières de l'Est, qui, sans pain, sans provisions, affamés, gelés, déguenillés, passant trente-six heures sans manger ni boire, négligés par leurs officiers, à peine commandés par des généraux de hasard, ont ramené sous nos drapeaux une ombre, une velléité de victoire, dites-moi si ceux-là n'ont pas sauvé l'honneur de la France plus que les défenseurs à deux tranchants de Paris assiégé et de Paris factieux, plus que les exécuteurs testamentaires de la résistance nationale au profit des Prussiens, des assassins, des repris de justice et des pillards !

Je serai plus bref avec *Paris républicain,* un des plus effrontés paradoxes qui aient jamais fait tourner la girouette d'un homme d'État. Si vous l'appelez républicain, parce que, tous les vingt ans, il nous offre le spectacle d'un million de bourgeois mécontents et frondeurs, empressés, le matin, de donner une leçon au pouvoir, et forcés, le soir, de subir le bon plaisir de quelques milliers d'émeutiers, soit! Mais c'est là un assez triste programme, et, dans l'intérêt des générations à venir, il conviendrait d'y faire des retouches.

Est-ce bien la République, c'est-à-dire un gouvernement comme un autre, n'excluant ni la modération, ni l'ordre, ni l'autorité, ni la justice, que ces quelques milliers d'émeutiers, de tapageurs et de gredins entendent imposer à ce million de bourgeois? Non, c'est la révolution de la veille et l'anarchie du lendemain.

Est-ce une république quelconque, Grecque, Romaine ou Américaine, que salue ou accepte ce million de bourgeois? Non, ils ne savent ce qu'ils veulent, ce qu'ils font et ce qu'ils subissent; sinon que le commerce va mal, que les ministres commettent des fautes, que le *Siècle* n'est pas content et que le parti prêtre menace de plus en plus la liberté de conscience. Ils sont aussi peu sorciers que possible; s'ils l'étaient pour un moment, s'ils pouvaient prévoir les conséquences de leurs entraînements, ils pousseraient des cris de désespoir, d'épouvante et de colère contre ces tyrans de la rue et de l'égout, mille fois plus ruineux que tous les despotes anciens et modernes.

Comment en serait-il autrement? Qui est plus intéressé que le Parisien au maintien ou au rétablissement de la monarchie? Qui pourrait être républicain à Paris? Les hautes classes, l'aristocratie, les nobles habitants du faubourg Saint-Germain? Ils n'ignorent pas que la République, telle qu'on l'a toujours professée et pratiquée en France, est pour eux synonyme de trouble, de péril, d'angoisse, de gêne, que la pire des monarchies leur est plus favorable que ces envieux de toute supériorité, ces ennemis de toute grandeur, ces destructeurs de toute fortune, ces profanateurs de toute noblesse; il leur suffit, pour les redouter et les haïr, d'un peu de claivoyance et de mémoire. La haute finance, la haute banque, les grands industriels, les grands capitalistes, les grands dignitaires de Sa Majesté l'Argent? A ceux-ci la

République fait plus de mal encore; car leur fortune mouvante, engagée dans de vastes affaires, balancée par d'énormes dépenses, souffre bien plus que la propriété et la province des agitations publiques. Les marchands de luxe ou de fantaisie, ceux dont les beaux magasins, aujourd'hui fermés et cadenassés, font en temps de calme les délices du flâneur? Priez-les, après six mois de République, de vous montrer leur livre de comptes.

La tribu des écrivains, des savants, des hommes de travail et d'intelligence? Hélas! Si quelques-uns de ceux-là, cédant à des ardeurs d'imagination qu'ils prennent pour des convictions politiques, sont ou se croient républicains, leur illusion n'est que trop punie; depuis l'auteur dramatique qui n'a plus qu'à se croiser les bras, jusqu'au chanteur qui ne trouve plus à placer ses *ut* de poitrine; depuis le peintre dont les toiles attendent vainement un acheteur, jusqu'au costumier dont les ciseaux rentrent dans leur gaîne; depuis le romancier jusqu'à l'éditeur; depuis le danseur de l'Opéra jusqu'au professeur au collége de France, toute cette portion si considérable et si parisienne de la population de Paris figure au premier rang des victimes de la République.

J'ai vu, de mes propres yeux vu, à Cannes, un sculpteur célèbre offrant, à prix réduits, des dessins afin de pouvoir payer son hôtel. A quoi bon continuer ce dénombrement dont pourraient se charger Sancho et M. de La Palisse? Prenez une à une toutes les classes sociales, tous les éléments de la vie active, commerciale, littéraire, mondaine, artistique, toutes les spécialités dont se compose cette gigantesque agglomération d'intérêts et d'idées que l'on nomme PARIS; pour chacune et pour toutes, la réponse est la même; pour toutes et pour chacune la République, avant même de s'être affirmée autrement que par le seul fait de son nom et de son exigence, est aussi mortelle que le persil pour le perroquet.

Reste, je le sais, toute une population inférieure, ou, pour parler plus exactement, souterraine, dont les dernières couches, pareilles aux marches d'un escalier dantesque, vont se perdre dans les ténèbres de Mazas ou le clair-obscur de la police. Restent les classes que la statistique qualifie de *dangereuses*, noctambules du vice et du crime. Restent les métiers interlopes, cercles de fer, de haillons et de boue, qui enveloppent la grande cité pendant ses veillées étincelantes ou son insouciant sommeil. Restent enfin les naufragés de tous les pays, les *Outlaws* de tous les régimes, les *fruits-secs* de tous les espaliers, les coureurs de toutes les aventures, tous ceux à qui la politique sert de prétexte pour ennoblir leurs démêlés avec la justice, et qui trouvent plus facile de propager la République générale que de pratiquer l'honnêteté particulière. Accorderez-vous à tous ceux-là le titre de républicain? Oh! non; si malfaisante que soit la République, épargnons-lui cette injure! Non, ils ne sont pas républicains; ils sont, suivant le degré de culture, de bonne foi ou de dépravation morale, utopistes, ambitieux, niais, vaniteux, énergumènes, profanateurs, destructeurs, forcenés, pillards, incendiaires et bandits. Découvrez-vous dans cette gradation inquiétante de quoi former un parti politique, de quoi fonder un gouvernement, de quoi déterminer l'opinion d'une ville qui se vante de faire de chacun de ses becs de gaz le phare de la civilisation moderne? Allons donc !...

Il y a plus : si nous passons des intérêts matériels à la grande question des rapports futurs de Paris avec la province, l'évidence redouble. C'est au nom de sa prépondérance menacée, de la CENTRALISATION inquiétée, que Paris s'est insurgé contre la France ; c'est pour complaire à Paris *républicain*, que l'on maintiendrait la République. Eh bien, il n'y a à cela qu'un malheur ; c'est que cette République si chère à Paris ne pourrait pas exister trois mois sans la décentralisation la plus complète ; c'est que Paris si désireux de vivre sans royauté ne pourrait espérer qu'avec une royauté mal conseillée ou trop fidèle à la routine, le maintien de la centralisation administrative et politique, pour laquelle il fait semblant de se battre.

Conclusion : le prétendu républicanisme de Paris n'est qu'un contre-sens, un sophisme, une série d'accès de fièvre, l'altération profonde, que dis-je? la putréfaction de l'idée républicaine.

Paris est en deçà ou au delà de la république, telle qu'il la faudrait pour qu'elle pût durer.

Enfin, de deux choses l'une : ou Paris n'est pas républicain, et alors pourquoi feindre? pourquoi mentir? ou, s'il l'était, ce serait un tel aveuglement, une telle démence, qu'il siérait d'être raisonnable malgré lui, claivoyant pour lui, et de lui donner la province pour conseil de famille.

Prédiction : si, comme je l'espère, l'armée de Versailles ou plutôt de la France réussit à dompter le mauvais Paris et à délivrer le bon, c'est à Paris que la réaction monarchique aura le plus d'éclat et de fougue; c'est Paris qui criera avec le plus d'enthousiasme : VIVE LE ROI!

28 avril 1871.

V

CRI DE DÉTRESSE

Nous ne savons encore rien des élections municipales, et, si certain que puisse être le succès définitif de l'armée et du gouvernement de Versailles, ce succès se fait tellement attendre que sa lenteur peut déjà compter dans l'interminable série de nos désastres. Incertitude électorale, nouvelle interruption des affaires, malaise universel, misère croissante en bas, tiraillements funestes en haut, désaccord entre les bulletins officiels et les lettres particulières, hésitation dans le commandement, délabrement de la discipline, embarras stratégiques, péril social, écrasement des finances, menaces de la politique, frayeur des bons, espérance des méchants, audace des scélérats, Prussiens en perspective, tel est, ce matin, 1er mai, au début du joli mois des rossignols, des idylles et des roses, le bilan fort adouci de la situation de notre malheureuse France, telle que l'ont faite huit mois de république.

Admettons que le salut soit possible, que le mieux existe, bien qu'enveloppé de brouillards. Ce qui est malheureusement beaucoup plus clair, c'est que, dans ces derniers épisodes, les honnêtes gens ont joué un rôle peu brillant, peu héroïque; que les braves gens n'ont pas été très-braves; qu'on a fait beau jeu à tous les éléments de destruction et de révolte; que jamais la supériorité fatale des minorités factieuses sur les majorités conservatrices ne s'est produite d'une façon plus éclatante; qu'en face de l'insolent triomphe de tout ce qui peut indigner les âmes généreuses, l'élan a été médiocre, en dépit de quelques voix intrépides dont l'appel s'est perdu dans le désert.

En d'autres termes, le patriotisme a été aussi tiède, aussi timide, aussi revêche, que le communisme a été violent, énergique et hardi. Celui-ci n'a douté de rien ; celui-là s'est effrayé de tout.

A Paris, les neuf-dixièmes des électeurs, qui avaient voté pour Trochu contre Blanqui, se sont laissé absorber et supprimer par le dixième qui avait conspiré pour Blanqui contre Trochu.

En province, — ayons le courage de le dire, — le nombre des volontaires disposés à courir en armes au secours de Versailles et de l'Assemblée, est tellement minime, qu'on n'en parle presque plus.

Il a été à peu près impossible, dans les meilleurs départements, de fournir un chiffre qui ne fût pas dérisoire, de former un bataillon, de régulariser un cadre.

Or, si, dès le premier jour, les Parisiens dévoués ou intéressés au maintien de l'ordre s'étaient comptés, s'ils avaient opposé aux bandes de la Commune une résistance armée, vigoureuse, intraitable, il y a six semaines que Paris serait délivré. Si les gardes nationales de la province avaient fait en mars 1871 une manifestation analogue à celle qu'elles firent en juin 1848 et qui, sans la prompte victoire du général Cavaignac, aurait pris des proportions gigantesques, il eût suffi de cet immense mouvement provincial pour donner au gouvernement une force qu'il n'a pas, à l'armée une impulsion qui lui manque, et pour écraser l'émeute avant même qu'on eût tiré un coup de canon ou entamé une barricade.

A quoi faut-il attribuer ce nouveau sujet de tristesse, d'humiliation et d'angoisse? Pourquoi cette disproportion effrayante entre l'agression et la défense? Faut-il l'expliquer par cette triste loi de la nature humaine, plus ardente à saisir ce qu'elle convoite qu'à conserver ce qu'elle possède? Doit-on la comparer — du grand au petit — à ces histoires de diligence où un brigand bien déterminé couchait en joue, tenait en respect et finalement dévalisait une vingtaine de voyageurs? Est-ce découragement ou lassitude? Cette nouvelle épreuve, arrivant après une lutte inégale, d'atroces souffrances et d'implacables défaites, dépasse-t-elle les forces d'un pays précipité, en quelques mois, d'une prospérité apparente dans un chaos de douleurs et de ruines?

Sans doute, il y a un peu de tout cela dans le spectacle qui nous désole ; mais il y a autre chose encore, et c'est cet *autre chose* que je voudrais indiquer.

Rien de plus beau, mais rien de plus rare, que le dévouement absolu, sans aucune espèce d'arrière-pensée personnelle. On ne se dévoue pas dans le vide; on ne porte pas son argent, on ne verse pas son sang sur l'autel d'un Dieu auquel on ne peut pas croire. Il faut, même chez les meilleurs, un ressort, un mobile, un but, un point d'appui. La plus pure, la plus sacrée des sources de dévouement, — la religion, — tarirait d'elle-même, si les âmes pieuses n'avaient plus à espérer les récompenses éternelles.

Maintenant, parcourez en idée Paris et la France. Mettez à part ces minorités turbulentes, démagogiques, communistes, criminelles, qui ne savent que trop bien, celles-là, pourquoi elles se battent, à quoi elles se *dévouent ;* ne comptez que les classes et les opinions qui peuvent concourir au salut du pays : gentilshommes, fils de famille, riches propriétaires, cultivateurs aisés, manufacturiers, industriels, marchands, rentiers, bourgeois, artisans honnêtes et raisonnables, travailleurs soucieux de conserver leur modeste pécule. Cette masse d'individus, si différents, mais parfois unis dans un sentiment ou un intérêt commun, a montré deux fois, depuis le commencement de nos désastres, que l'esprit de conservation peut avoir, lui aussi, ses heures de bon accord et d'irrésistible élan, des heures où il sait ce qu'il veut et où il court à son but sans se laisser endormir par l'égoïsme, ni égarer par le mensonge.

Il s'agissait, la première fois, de repousser les Prussiens; la seconde fois, d'arriver à la paix. Voilà deux objectifs bien nets, bien visibles, sur lesquels personne ne pouvait se tromper. Repousser les Prussiens, c'est-à-dire protéger son pays, sa famille, son champ, son foyer, son honneur, contre cette *invasion*, dont le souvenir, après tant d'années, saignait encore, et qui a été de plus en plus meurtrière dans ses récidives; obtenir la paix, c'est-à-dire, faute de mieux, arrêter les progrès de cette invasion dévorante, préserver ce qui restait intact, arracher à la maladie, à la prison, à la faim, à la mort, tous ces pauvres enfants que la France en deuil redemandait à ses ennemis et à ses maîtres, abréger une lutte déjà trop longue et essayer d'entrer en convalescence en sacrifiant la chimère à l'urgence, la gloriole au bon sens, l'impossible au nécessaire, le rêve de quelques ambitieux à la vie de trente-cinq millions d'hommes.

Dans ces deux circonstances, la situation avait au moins le mérite de la clarté. Si le premier de ces deux efforts est demeuré stérile, à qui la faute ? Que peut l'héroïsme individuel, quand il n'y a plus ni gouvernement, ni direction, ni organisation, ni discipline; lorsqu'à l'ennemi du dehors se joignent les ennemis du dedans; quand des troupes improvisées, succédant à des armées disparues, ont à se débattre contre l'incurie des chefs, le désarroi des intendances, le froid, le dénûment, l'abandon, contre des privations et des souffrances auxquelles n'auraient pas résisté des soldats aguerris par vingt campagnes?...

En revanche, la France, consultée quatre mois trop tard, a voulu la paix en février comme elle l'aurait voulue en octobre. Cette fois, rien n'a pu prévaloir contre la volonté populaire, affirmée dans les élections ; ni l'amour-propre national, exploité par des charlatans qui déclamaient au lieu de se battre; ni les menées démagogiques; ni les violences arbitraires des tyranneaux de communes et de clubs; ni les furibondes dépêches de M. Gambetta, ni les mesures d'intimidation essayées par ses préfets. Le succès, quoique trop tardif, a été sans réplique, et il eût été plus complet encore, plus décisif pour notre salut, si un esprit de vertige et d'erreur n'eût diminué de moitié les attributions de cette Assemblée nationale, de qui le suffrage universel attendait évidemment deux bienfaits : la paix et la monarchie.

Vous le voyez, les honnêtes gens eux-mêmes, — cette majorité, si souvent convaincue de faiblesse, d'inertie ou d'impuissance, — savent très-bien parvenir à leurs fins, quand ils voient clairement à quoi ils se dévouent, quel est le but de leurs efforts, quel sera le prix de leurs sacrifices.

Mais aujourd'hui! au nom de quel intérêt, de quel sentiment, de quelle foi, de quelle idole, de quelle récompense, leur demanderait-on d'extraire encore un peu d'argent de leur escarcelle vide, un peu de sang de leurs veines épuisées ? A qui et à quoi se dévoueraient-ils? A la République? Laquelle? Celle de M. Thiers? Les plaisanteries, même celles des hommes d'esprit, perdent à être trop prolongées. Celle de M. Jules Favre, de M. Picard, de M. Jules Simon? C'est un régiment où les soldats sont constamment prêts à tirer sur leurs capitaines, un état-major sans cesse combattu, trahi, débordé par son armée.

En quoi d'ailleurs la République ou la politique de ces messieurs ou de ces citoyens diffère-t-elle sensiblement de celle de M. Jules Ferry qui m'est suspect, de M. Pelletan qui a donné à Mégy la clef des champs et des barricades, de M. Gambetta dont la dictature insensée a coûté plus cher à la France que toutes les fautes et toutes les folies de l'Empire? Êtes-vous bien certain que M. Gambetta soit absolument étranger ou franchement hostile au mouvement communiste, qui, depuis sept semaines, opprime, ensanglante, pille et déshonore Paris? Si ce n'est lui, c'est donc ses frères! S'il est séparé des meneurs de cette tragi-comédie infernale, que d'intermédiaires pour rapprocher les distances et supprimer de nouveau les Pyrénées! Que d'anneaux pour relier entre elles les diverses parties de la chaîne!

Si vous placez, par exemple, entre Gambetta et Delescluze, des hommes tels que Louis Blanc, Victor Hugo, Edmond Adam, Lockroy, Tirard, je vous défie d'apercevoir un vide, une solution de continuité dans ces variétés ou ces gradations de l'écarlate; nous arriverions ainsi de Jules Favre à Rochefort, de Rochefort à Jourde, de Jourde aux échappés de Mazas et de la Roquette, par des progressions tellement imperceptibles, par des transitions si bien ménagées, que, si les derniers décrets de la Commune nous semblaient sortir du lacrymatoire de notre éloquent ministre des affaires étrangères, l'illusion serait pardonnable.

Au surplus, pourquoi discuter ce qui saute aux yeux? N'ont-ils pas tous concouru à la même œuvre, et cette œuvre de ruine et de mort peut-elle tout à coup s'effacer, parce que la République vertueuse et inconséquente chevrote de sa voix cassée: *Halte! Halte!* pendant que la République logique et scélérate crie de ses robustes poumons : *Marche! Marche!* Ne portent-ils pas tous la marque, l'estampille, la tache du 4 septembre, date fatale qui pouvait tout sauver et qui acheva de tout perdre, moment décisif où la vanité et l'égoïsme d'une poignée d'ambitieux affectèrent de ne pas comprendre tout ce qu'il y avait de monstrueux à greffer une Révolution sur une défaite, un malheur sur un désastre, un accès de fièvre chaude sur une blessure saignante, à désorganiser la France à l'instant même où le peu qui lui restait d'ordre, de force, de hiérarchie, d'autorité, de discipline, suffisait à peine à conjurer ses périls?

Sommes-nous obligés, nous, les victimes de cette folie, les dupes de cet escamotage, les patients de ce long supplice, de nous fatiguer les yeux pour distinguer ce qui se perd déjà et se confond, au bout d'une saison, dans les ombres d'une même origine, de séparer dans nos sympathies ou nos rancunes des hommes partis du même point, arrivés au même but, unis dans un même faisceau pour se partager les dépouilles impériales, également responsables du mal et du pire, du mal qu'ils ont fait et du pire qu'ils ont laissé faire ?

Serons-nous plus avancés, plus sûrs de notre salut, quand nous aurons cherché, au milieu d'un amas de décombres, à travers une forêt de croix de bois noir, la part qui revient à la délégation de Tours et au Gouvernement de Paris, aux jeunes et aux vieux, aux *outranciers* et aux sages, quand nous aurons calculé la somme d'extravagances, de jactances, de déceptions et de calamités que le ballon de Gambetta apportait à la province abusée ou laissait à la capitale investie ?

Qu'on nous montre, dans l'immense et lourd dossier qui fatiguera les fortes mains de l'histoire, une seule pièce qui divise les hommes du 4 septembre en deux catégories bien distinctes, dont l'une ait formellement renié l'autre : l'une conservatrice, l'autre destructive ; l'une bienfaisante, l'autre meurtrière; l'une décidée à se sacrifier pour nous sauver, l'autre acharnée à tout envenimer pour nous perdre; l'une ayant pris pour devise: « Périsse la République plutôt que la France! » l'autre s'obstinant à répéter : « Périsse le monde plutôt que *notre* République ! »

Désormais, à la suite de trois expériences d'autant plus significativés qu'elles ont eu lieu dans des circonstances plus différentes, il est prouvé que la République, en France, est soumise à des conditions particulières. Elle n'est pas un gouvernement *sui generis,* une forme d'organisation politique et sociale, mais un moyen d'arriver à quelque chose qui l'exagère, qui la défigure, qui l'enfièvre, qui la souille de sang et de boue, et qu'il lui est interdit de combattre; une sorte de cadre élastique où quelques bavards mettent leurs sophismes, quelques rêveurs leurs utopies, quelques vaniteux leurs ambitions, quelques belles âmes leur idéal, et où l'ignorance, le vice, la crédulité, la convoitise, la haine, l'esprit de révolte, l'incessante fermentation de toutes les misères matérielles et morales s'entassent, s'agitent et se bousculent jusqu'à ce que le cadre ait éclaté.

Pour elle, les conditions de la vie et de la mort s'assimilent et se confondent. Elle ne peut vivre que moyennant un perpétuel *crescendo*, une opiniâtre surenchère, qui a ses lois comme la fièvre, l'ivresse et le délire, et qui aboutit au suicide.

Également condamnée, soit qu'elle essaye de s'imposer des limites, soit qu'elle se débarrasse de tout frein, elle offre ce singulier spectacle d'une abstraction qui cesse d'être acceptable en devenant un fait, et d'un fait qui a besoin de se rejeter dans l'abstraction pour qu'on puisse le croire viable.

Le jour où elle produit toutes ses conséquences, elle succombe à ses propres excès. Le jour où le bon sens public réagit contre ses fureurs, lui applique une muselière et la force de se gouverner elle-même pour être un peu moins incapable de nous gouverner, elle n'est plus que son propre fantôme, la négation de son propre principe.

Ame sans corps ou corps sans âme, servie par ses anciens adversaires, maudite par ses amis de la veille, médiocrement aimée par ceux qui ne voient en elle qu'un pis-aller, une transition ou un *en-cas*, prodigieusement détestée par ceux qui l'accusent de trahison ou d'ingratitude, ce n'est plus une République; c'est seulement l'absence d'un roi; la prolongation ruineuse et maussade d'un contre-sens qui choque tous les esprits droits, d'un régime bâtard et hybride qui ne satisfait personne, d'un provisoire dont la fragilité se communique à tout le reste, d'un désaccord visible entre les mots et les choses, entre la conscience publique qui se sent trompée ou offensée, et les formes extérieures qui légalisent ce mensonge.

De bonne foi, est-ce dans ce conflit d'idées et d'apparences contradictoires, dans ce mélange d'éléments réfractaires, dans ces stériles essais d'acclimatation d'une nation monarchique dans une république artificielle, sans horizon, sans tradition, sans avenir, qu'un grand peuple, brisé et abattu par d'effroyables désastres, peut se relever et renaître? Est-ce à cet air vicié par le mensonge, la haine, la méfiance et la peur, que peuvent se cicatriser les blessures ? Est-ce sous ce régime d'expédients, d'à-peu près, de *va-et-vient*, de subterfuges, que pourraient se ranimer l'agriculture, le commerce et l'industrie ? Est-ce enfin à cette source troublée et salie par les *détritus* de dix révolutions que peut se retremper l'esprit de dévouement et de sacrifice, celui qui nous est le plus nécessaire pour élever notre courage au niveau de nos dangers et notre abnégation à la hauteur de notre détresse ? Je me suis borné aujourd'hui à expliquer les causes de ses défaillances, au moment où la France aurait eu besoin de lui contre des ennemis pires que les Prussiens. Que serait-ce si j'abordais enfin ces terribles cinq milliards devant lesquels je recule, comme recule devant le créancier inflexible le débiteur insolvable ?

Vous figurez-vous nos grands propriétaires, nos grands industriels se présentant chez leur percepteur et lui disant : « Voici cent mille francs que j'offre à la République pour faciliter l'évacuation du territoire; mais entendons-nous! Ce n'est ni à la République de celui-ci, ni à la République de celui-là, ni à la République de cet autre, ni, généralement, à la République d'aucun des républicains de notre connaissance, mais à une République d'un nouveau style, ferme comme un roc, forte comme un chêne, douce comme un agneau, garantie bon teint, souple et stable, sûre de ses lendemains, favorable aux bons, impitoyable aux méchants, présidée par des octogénaires, ci-devant ministres de Louis-Philippe, artistement faite de petits morceaux monarchiques... — J'entends, répondrait le percepteur, une République d'Arlequin !... »

Non, mille fois non, c'est impossible, et ce serait immoral. L'esprit français, Dieu merci ! se brouille vite avec ces ambages. Dans le bien comme dans le mal il veut procéder par des moyens simples, voir où il va, et marcher droit devant lui. Aujourd'hui, j'ai laissé deviner à quelle source pourrait se ranimer l'esprit de dévouement. Avant peu je chercherai quelle signature peut nous faire trouver les CINQ MILLIARDS.

1er mai 1871.

V

LES ÉLECTIONS MUNICIPALES

A quoi bon le dissimuler ? Sauf quelques heureuses exceptions, les élections municipales n'ont pas répondu à nos espérances. Moins de trois mois ont suffi au suffrage universel pour se déjuger sur un grand nombre de points, et dire, le 30 avril, le contraire de ce qu'il avait dit le 8 février. C'est une rechute, et l'on sait, en médecine, ce que présage une rechute, surtout quand le malade est rebelle, la convalescence douteuse, la maladie terrible.

Comment ce qui semblait si clair le lendemain du 8 février s'est-il de nouveau enveloppé de sinistres et sanglants nuages? Que s'est-il donc passé dans ces communes qui, malgré le vote au canton, le choix d'un jour ouvrier, la pression démagogique, les journaux incendiaires, le despotisme préfectoral, avaient si nettement affirmé leurs volontés, leurs sympathies et leurs rancunes? Ont-elles retrouvé, depuis lors, assez de calme, de prospérité, de sécurité, de bien-être, pour se reprendre à leurs illusions et oublier leurs souffrances? Ont-elles eu, du 8 février au 30 avril, assez à se louer de la République pour se réconcilier avec elle? N'est-ce pas plutôt que nos maux, en s'aggravant, ont exaspéré ces multitudes, toujours prêtes, dans l'explosion de leur colère, à frapper à côté, à se tromper sur les vrais auteurs et les vraies causes de leurs misères?

Faut-il attribuer le triomphe de la démagogie à ces abstentions impardonnables dont nos instances n'ont pu diminuer le nombre, et qui parfois nous découragent, nous, défenseurs bénévoles de gens obstinés à ne pas se défendre? Dans ce dernier cas, quelle serait, non pas l'excuse, mais l'explication d'une inertie épidémique qui justifie le vieux proverbe : « Les absents ont tort! » et amoindrit d'un bon tiers la majorité conservatrice? Cherchons.

La lutte n'est pas finie; elle doit, avant peu, se renouveler sous d'autres formes et sur un autre terrain.

La question est capitale, le péril imminent, l'urgence irrécusable. Analyser le mal, c'est peut-être préparer le retour au bien.

D'abord, dans bien des localités de notre connaissance, la victoire RÉPUBLICAINE a offert un édifiant spectacle, qui nous consolerait si nous pouvions nous réjouir de ce qui humilie et déshonore l'humanité. Elle a été le monstrueux produit d'une fraternelle alliance entre le parti écarlate et les impérialistes les plus compromis. A Avignon, par exemple, nos républicains austères, nos stoïques victimes de l'Empire, nos incorruptibles amis des citoyens Bordone et Honoré Brun, auraient été complétement battus s'ils n'avaient admis et fêté, en tête de leur liste, qui? le dernier maire du régime impérial, un ex-adjoint de M. Pamard et un fabricant millionnaire qui, à l'époque du plébiscite, — il y a un an à peine, — mit ses deux cents ouvriers en demeure ou de voter *oui,* ou d'aller chercher ailleurs du travail et du pain.

Ajoutons, entre parenthèse, que le succès de ces messieurs, — essentiellement conservateurs par intérêt et par état, — a eu un lendemain dont ils ont dû être bien heureux et bien fiers.

Le journal démagogique de l'endroit, après avoir célébré le résultat des élections avec un agréable mélange de contentement et de réserve, consacrait tout le reste de son papier à nous prouver que les communards parisiens étaient de fort honnêtes gens, qu'on les calomniait odieusement, que toutes les histoires de réquisition, d'emprisonnement, de meurtre et de pillage étaient des mensonges inventés par ces gueux de réactionnaires, et qu'il n'y avait pas eu à Paris, depuis le 18 mars, UN SEUL ATTENTAT COMMIS CONTRE LES PROPRIÉTÉS ET LES PERSONNES !!!

N'importe! ces immorales alliances, bien qu'elles se soient produites dans beaucoup d'autres villes, ne suffiraient pas à nous livrer le mot de l'énigme. Ce qui est positif, ce qui ressort clairement de la lutte électorale du 30 avril, c'est que le parti impérialiste, vaincu et annulé aux élections générales, s'est remis en ligne pour envenimer le conflit, entraver le mouvement monarchique et révéler une fois de plus ses affinités clandestines avec le communisme; c'est que les *bleus* — vieux mot que nous espérions voir mourir d'inanition et de vieillesse, — ont encore cédé à leurs préjugés et à leurs haines de caste contre cette monarchie qui ne se vengerait d'eux que par ses bienfaits ; c'est, enfin, qu'une masse d'électeurs intéressés au maintien de l'ordre, au rétablissement de l'autorité, se sont abstenus, et, en s'abstenant, ont laissé pencher la balance du côté de la démagogie. Réveil de l'intrigue bonapartiste, insurmontables préventions de la bourgeoisie, découragement ou lassitude de bon nombre de nos amis qui pouvaient nous apporter un victorieux appoint, trois causes secondaires qui, s'ajoutant à la cause principale, — le regain des espérances et des audaces révolutionnaires, — devaient nécessairement déplacer les conditions du combat et les chances du succès.

Maintenant, pourquoi les hommes de désordre

un moment démoralisés par l'armistice, les élections générales et la paix, viennent-ils de nous rappeler le serpent de Virgile,

« *Attollentem iras, et cœrula colla tumentem?* »

Pourquoi les bonapartistes s'efforcent-ils de rentrer en scène et cherchent-ils à extraire une revanche de l'excès de nos malheurs? Pourquoi les *bleus* — je ne dis pas précisément les orléanistes — aiment-ils mieux pactiser avec leurs ennemis et les nôtres que se réconcilier franchement avec les seuls principes qui puissent sauver du naufrage les débris de leur fortune? Pourquoi l'immense catégorie des neutres, des découragés, des poltrons, des *manquants*, s'est-elle obstinée ou grossie au point de rendre notre victoire impossible?

Encore une fois, cherchons.

Quoique l'insurrection parisienne ait été à peu près comprimée dans tout le reste de la France, quoique le feu qui dévore notre malheureuse capitale couve en province sous la cendre, il n'en est pas moins vrai que nous ressentons tous l'influence de cet événement gigantesque dont les ravages pénètrent et pénétreront plus avant que les obus prussiens. Ces ravages sont d'autant plus funestes qu'ils s'exercent, non-seulement rue de Rivoli ou place Vendôme, mais dans le monde invisible des consciences et des âmes.

Remettant en question ce qui semblait résolu, ranimant de criminelles espérances, retardant un dénoûment nécessaire, paralysant le patriotisme qui restait debout sur nos ruines et se préparait à s'indemniser de ses défaites par ses sacrifices, ils sont cause que les esprits faibles et légers tombent dans une sorte de fatalisme mulsuman et renoncent à lutter contre ce courant démocratique pour lequel toutes les digues deviennent des écluses.

Au premier éclat de cette nouvelle catastrophe il y avait encore quelques bonnes chances. La rapidité et l'énergie de la répression pouvaient faire tourner cette agression sauvage au profit de tout ce qu'elle essayait de détruire. Sans recourir à une millième édition de l'esclave ivre offert aux regards des jeunes Lacédémoniens pour les dégoûter de l'ivresse, on pouvait espérer que cette rupture effrontée d'une poignée d'énergumènes, de factieux et de bandits, avec le droit des gens et la société régulière, ferait rentrer en eux-mêmes tous les républicains de la veille, chez qui le patriotisme n'était pas absolument étouffé ou gangrené par les plus détestables passions qui aient jamais changé l'homme en bête fauve.

D'autre part, le surcroit de malaise que chacune de ces journées de fureur et de sang allait infliger à toutes les classes de nos populations, à toutes les branches de notre industrie, à toutes les ressources de notre budget, à tous les ressorts de notre activité, pouvait dessiller les yeux les plus aveugles, convertir les foules les plus endurcies, et les brouiller à tout jamais avec une forme ou un semblant de gouvernement où *dérisoire* rime à *provisoire,* où chaque nouvel épisode marque un progrès dans la détresse universelle.

Rien de tout cela n'est arrivé, et ne devait arriver. Il n'y a pas jusqu'à présent proportion suffisante entre l'énormité de l'attaque et l'éclat de la défense. Nul, en France, n'ignore quels ont été les préliminaires de cette seconde invasion; comment M. Jules Favre a été mystifié par ses chers Parisiens, et comment M. Thiers, pressé de fuir Paris, a négligé certaines précautions stratégiques qui eussent épargné à l'armée de Versailles bien des efforts inutiles. A égale distance d'une défaite décisive et d'une propagande victorieuse, la Commune soutient un siége en règle, qui dure depuis cinquante jours et n'en est encore qu'aux avant-postes.

Les juges éclairés tiennent compte au gouvernement des difficultés inouïes qui compliquent les opérations, de la nécessité de n'avancer qu'à coup sûr, de ne pas verser le sang innocent, d'épargner le plus possible ce Paris qui s'épargne si peu lui-même. Mais les masses ne voient et n'apprécient que les résultats.

Pour nous borner à notre midi et à quelques détails tout actuels, voilà les maraîchers de Provence, les jardiniers de la côte du Rhône, les expéditeurs d'Arles, de Tarascon et d'Avignon, qui ne trouvent plus de débouchés pour les fruits et les légumes.

Encore quinze jours, et les cocons, qui s'annonçaient bien, nous prouveront, à nos dépens, que la folie des hommes est encore plus ruineuse que la maladie des vers-à-soie.

Encore six semaines, et Pomone en deuil jettera dans notre beau fleuve figues et abricots, prunes et pêches, poires et raisins, faute de pouvoir les envoyer à Paris.

Encore trois mois, et nos garances, seul espoir du riche et du pauvre, perdront soixante pour cent de leur valeur ; et cela, pendant que notre implacable sécheresse, les désastres de l'Algérie et le manque de circulation élèveront les céréales à des prix tels, que le pauvre n'aura plus de pain ; pendant que nos paysans sont forcés de faire du bois de chauffage avec leurs oliviers que l'hiver a tués, avec leurs vignes que la *Philoxerra vastatrix* réduit à l'état de squelettes !

Eh ! bien, vous croyez peut-être que le peuple, dans cette situation épouvantable, fait remonter aux coupables la responsabilité de la gêne d'hier, de la pauvreté d'aujourd'hui, de la misère de demain? Non; l'excès de souffrance ne raisonne pas; toutes les douleurs aiguës, depuis la faim jusqu'à la fièvre, ont leurs paroxysmes d'injustice. Puisque j'ai risqué une comparaison médicale, j'en commettrai une seconde. Le peuple ressemble à ces malades incurables, plus irrités contre le médecin qui ne sait pas les guérir que contre le mal qui les ronge. Le bistouri est plus souvent maudit que le canon.

Je parierais volontiers que, sur dix électeurs de petite ville ou de campagne qui avaient voté pour les candidats de la droite, cinq au moins ont changé de drapeau ou tourné le dos aux urnes, furieux que leurs bulletins du 8 février ne leur aient pas rendu ce qu'ils en avaient espéré.

Voilà pour les masses populaires, pour les ennuyés, les découragés et tous les sous-genres des *abstentionnistes*. Parmi ceux-ci, les poltrons occupent un rang considérable. Leur raisonnement est bien simple : « depuis près de deux mois, le gouvernement n'a pas su triompher de quarante ou cinquante mille gredins, qui tiennent en échec la nation tout entière. Donc, ces gredins sont redoutables, et le gouvernement n'est pas à craindre.

« Si je vais, le jour du vote, à mon *pavillon* ou à ma *bastide*, M. Thiers ne me fera pas fusiller. Si l'on me voit voter pour la liste monarchique, mes voisins, les citoyens B... et C..., sont gens à me faire un mauvais parti... ma foi! tant pis! rien de plus sain que l'air de la campagne au renouveau d'avril et de mai.

« Pourquoi nos seigneurs et maîtres de Versailles ne se décident-ils pas? Pourquoi vont-ils si lentement en besogne et cherchent-ils à éterniser le provisoire? »

Ce raisonnement pusillanime, mais logique, prend chaque jour plus de consistance à mesure que les espérances trompées s'aggravent du temps perdu. Le 1er mars, les élections municipales auraient été excellentes; le 1er avril médiocres; le 30 avril, elles ont été mauvaises..... que seraient-elles le 1er juillet?

Restent les bonapartistes. Hélas! leur rôle était tracé d'avance. Ne pouvant pêcher qu'en eau trouble, ils troublent l'eau et piétinent la vase. Au fait, pourquoi leurs calculs seraient-ils taxés de folie? Tous nous risquons de périr d'une apoplexie d'imprévu. Quels que soient nos légitimes griefs contre l'Empire, Napoléon III ne nous est pas plus odieux que M. de Bismark. Or, si les héros de la Commune nous ont rendu, par comparaison, les Prussiens moins haïssables, pourquoi le même effet d'optique n'aurait-il pas lieu au bénéfice de ce César fugitif, qui a emporté notre fortune? Ne suffit-il pas, en France, d'être tombé pour réveiller de généreuses sympathies? Les indifférents, les égoïstes, les sybarites, les hommes de Bourse et d'affaires, ne tournent-ils pas un regard furtif de complaisance et de regret vers ces années plantureuses, où les périls et les désastres à venir se cachaient sous des fleurs et des billets de Banque? Allons, encore un peu d'intrigue et de complot! ce n'est pas changer d'habitudes. La Prusse, la Commune, le Césarisme, trois puissances beaucoup moins hostiles les unes aux autres qu'on ne serait tenté de le croire; trois variantes d'un même désastre ; trois têtes d'hydre dans un même bonnet phrygien; trois dignes émules dont on ne saurait dire lequel a le plus fait pour notre ruine!

Je serai plus bref et moins vif avec les *bleus* de toutes nuances, depuis le *cobalt* orléaniste jusqu'à *l'indigo* Thiers et Picard. Ici le politique devrait céder la parole au moraliste, et, pour le dire en passant, bien des questions s'éclairciraient plus vite, si l'observateur prenait le pas sur le publiciste, si, au lieu de regarder la couleur du drapeau on étudiait un peu plus les secrets replis du cœur humain.

A ce point de vue, les élections municipales sont moins significatives que les élections générales. Dans la même ville, dans la même rue, des froissements d'amour-propre, des ressentiments à coups d'épingles, des conflits de voisinage, des querelles de famille, des commérages de cercle et de café, se traduisent en dissidences électorales sans toucher au fond des opinions politiques.

C'est parmi les *bleus* qu'on rencontrerait le plus de ces anomalies. Tel bourgeois paisible que la vue d'un terroriste ferait tomber à la renverse, refuse de voter pour la liste monarchique, parce que sa femme n'a pas été invitée au bal d'un des candidats, parce qu'un autre possède la particule, parce qu'un troisième a plaidé contre lui dans un procès de mur mitoyen, et surtout parce qu'il est prouvé que le rétablissement de la monarchie forcerait ledit bourgeois, propriétaire dans la banlieue, à payer la dîme, à subir la corvée, et peut-être à se lever la nuit pour battre les étangs et faire taire les grenouilles..... les grenouilles qui demandent un roi, et que, par conséquent, tout bon patriote devrait s'efforcer de réduire au silence! N'insistons pas! Si les querelles de partis sont passagères, les faiblesses du cœur humain sont éternelles.

Quoi qu'il en soit, la situation est terrible, et elle peut, d'un moment à l'autre, devenir plus affreuse encore. Les municipalités des grandes villes vont déclarer la guerre à l'Assemblée de Versailles, et déjà nous voyons quelques-uns de ces élus du 30 avril réclamer la cessation des hostilités, c'est-à-dire, en bon français, la capitulation du Gouvernement devant l'émeute. Qu'en pense M. Thiers? Se croit-il de force, avec ses collègues, originaires du 4 septembre, à débrouiller ce chaos, à museler ces hyènes, à nettoyer les étables de l'Augias démagogique? A quoi lui servent son expérience d'homme d'État et ses études d'historien? Ignore-t-il comment les révolutions procèdent, et ce qu'il faut, pour les dompter, de puissance et de prestige? Ce prestige, que donnent le génie de la guerre, la gloire des armes, la royauté séculaire, croit-il l'avoir, et, s'il ne l'a pas, est-ce le groupe des ex-collègues de M. Gambetta qui peut le lui prêter?

Il n'a pas voulu du rôle de Monk : nous ne le chicanerons pas là-dessus. Croit-il le rôle de Washington plus facile dans notre pauvre France de 1871? Nous le supplions de réfléchir, s'il en est temps encore, de mesurer le terrain qu'il perd ou qu'il a perdu. Nous le conjurons, dans ce redoublement de crise et de péril, de se demander où le mènent cette alliance avec des survivants d'un régime néfaste, cette rupture avec des hommes qui l'acceptaient pour chef et pour guide dans leur œuvre de réparation et de salut.

Il y a trois mois, ces hommes, oubliant d'anciens griefs, le proclamaient grand citoyen, et la France ratifiait ce titre par un million de suffrages.

Aujourd'hui le titre serait plus contesté, l'acclamation moins unanime, les suffrages plus sobres. Que serait-ce demain, s'il achève de se laisser glisser sur cette pente dangereuse? Il aime l'histoire, à laquelle il doit, en définitive, le meilleur de sa gloire. Qu'il la consulte! Elle lui rappellera que tous les faux grands hommes sont tombés de la même manière; en échangeant la mission que leur indiquait la Providence contre l'aventure que leur suggérait leur ambition ou leur orgueil.

5 mai 1871.

VII

LES CINQ MILLIARDS [1]

Les deux articles publiés sous ce titre par M. Victor Bonnet vont me servir de point de départ pour aborder cette question redoutable qu'on ne peut, hélas ! supprimer en l'ajournant. M. Victor Bonnet n'en est plus à faire ses preuves, et on retrouve dans ce nouveau travail l'esprit judicieux, la remarquable droiture, la parfaite compétence de l'éminent économiste.

Mais est-il possible, aujourd'hui, de parler finances en se renfermant dans des détails de chiffres, d'impôts, d'épargnes et de réformes ? L'é-

[1]. Les impôts après la guerre, par M. Victor Bonnet.

conomiste, si habile qu'il soit, peut-il s'abstraire du politique? En songeant à ces charges énormes qui s'appesantissent sur la France épuisée, ne sentez-vous pas, presque malgré vous, la question d'argent s'élever, grandir, changer de terrain, idéaliser l'arithmétique, et se rattacher peu à peu à des principes d'ordre supérieur, comme une barque à demi brisée par l'orage s'attache au pied du rocher où expire la vague? Quand l'image de ces cinq milliards, grossis de cinq autres milliards follement dépensés, perdus ou gaspillés pendant cette horrible guerre, s'abat sur notre esprit malade comme le *Smarra* de Charles Nodier sur le cerveau fiévreux d'un personnage de ballade, il faut ou s'abandonner à une sorte de vertige, ou, par un énergique effort, se détourner de cette vision sinistre, aussi impitoyable que la réalité, aussi effrayante qu'un mauvais rêve. La montagne est à pic, le gouffre est immense; la chute serait mortelle. Pour résister aux mystérieuses attractions de l'abîme, regardons l'horizon et le ciel; baignons-nous dans cette pure atmosphère que la vérité illumine de ses éternelles clartés. Puis, pour retrouver un peu de force et de courage, songeons qu'au delà de ce gouffre béant il y a une patrie, qu'au-dessus de ce sombre chaos il y a un Dieu ; qu'au réveil de cet affreux cauchemar il y a un avenir : l'avenir de la France purifiée et régénérée.

On a répété cent fois le mot du baron Louis à Casimir Périer : « Faites-moi de la bonne politique, je vous ferai de bonnes finances. » Si le mot était vrai en temps ordinaire, ou pendant ces crises parlementaires qui nous agitaient jadis et nous font maintenant l'effet de madrigaux ou d'églogues, que dire d'un moment tel que celui-ci, où une faute du pouvoir, une hésitation des troupes, un succès de l'émeute, une ou deux grandes villes entraînées par la propagande communiste, peuvent suffire à nous rendre incurables et insolvables ? Les bonnes finances, comme la bonne politique, prennent ici un sens plus absolu, plus grandiose et plus décisif qu'à l'époque du vieux baron. Les finances n'ont plus à équilibrer un budget, à faire remonter les fonds publics, à corriger quelques abus, à esquisser quelques réformes, mais à conjurer le spectre hideux de la banqueroute, à remplir le vide, à ranimer le néant, à créer des ressources extraordinaires en présence d'une situation qui frappe de stérilité et de mort même les revenus habituels. La politique n'a plus à prévenir quelques désordres, à ramener un groupe de députés, à pacifier deux ou trois départements, à s'assurer une majorité dans les Chambres, mais à opérer des prodiges, à ressusciter une société morte ou mourante, à refaire l'éducation de tout un peuple, à remettre au jour des vérités oubliées, à retrouver le bien dans le mal, la force dans la faiblesse, l'autorité dans l'anarchie, la prière dans le blasphème, la foi dans l'indifférence, l'abnégation dans l'égoïsme, l'esprit dans la matière ; à obtenir de la France, — cette fille repentie du fier Sicambre, — qu'elle brûle ce qu'elle adore, qu'elle adore ce qu'elle a brûlé.

Voilà la position ; maintenant causons affaires.

Et d'abord point d'illusion à la Prudhomme sur le résultat de telle ou telle économie laborieusement effectuée sur telle ou telle partie du budget. Point de ces calculs chimériques, chers aux braves gens qui vous disent, en comptant sur leurs doigts : « Nous allons retrancher tant de millions sur la guerre, tant de millions sur la marine, diminuer d'un bon tiers le traitement de tous les fonctionnaires, depuis les ministres jusqu'aux gardes champêtres; supprimer une foule de places inutiles, dont les titulaires s'engraissaient de la sueur du peuple. Joignez à cette admirable réforme une autre économie non moins admirable : plus de cour, plus de liste civile, plus de sénat, plus de chambre des pairs, plus de ces hauts dignitaires, héros de la faveur et du cumul, qui touchaient deux ou trois cent mille francs par an. Additionnez à présent tous ces bénéfices ; ils nous donneront, et au delà, de quoi combler notre déficit, dégrever notre passif, équilibrer notre budget, payer les Prussiens et ne plus en entendre parler. »

C'est avec ces beaux raisonnements que la République, essentiellement économe et justement indignée des abus monarchiques, supprime en effet la liste civile, les hauts dignitaires, les gros traitements, et... dépense en trois mois un milliard pour remplir les poches des puritains faméliques qui l'ont proclamée ou payer de dérisoires fournitures qui ont contribué pour beaucoup aux désastres de nos armées. L'idée peut être vertueuse, mais le cercle est vicieux. Les honnêtes esprits qui s'y enferment ressemblent à ces dissipateurs ou à ces joueurs malheureux, qui, après avoir perdu vingt mille louis, quadruplé le chiffre de leurs dettes ou hypothéqué leur dernier immeuble, s'imaginent qu'ils vont réparer leurs folies et rétablir l'égalité entre le *droit* et *avoir*, en se retranchant deux cigares par jour et deux paires de gants par semaine.

Madame Emile de Girardin, dans une de ses spirituelles causeries, s'amusait à prouver qu'une femme du monde qui dépense dix mille francs pour donner une fête rend un plus grand service à la pauvreté laborieuse et fait une œuvre de charité plus intelligente, plus productive et plus efficace que la femme qui porte une somme équivalente au bureau de bienfaisance. J'aime à croire qu'il y avait là un peu de fantaisie et de paradoxe. Mais il suffira, pour rentrer dans le vrai, d'appliquer à l'État ce que madame de Girardin disait de l'individu. Dans cette machine si vaste et si compliquée, dans cet ensemble où chacun souffre ou prospère de la prospérité ou de la souffrance de tous, je vous défie de réaliser une diminution de dépense qui n'ait pour envers, dans des proportions analogues, une diminution de recette. Prenez pour exemple une grande ville et une petite, Paris et Brives-la-Gaillarde. Vous supprimez la cour, la liste civile, le domaine privé, le conseil d'État, les aides-de-camp, les chambellans, les dames d'honneur, etc., etc. Très-bien ! je vous approuve : mais même sans compter l'épouvantable épisode qui a livré notre Athènes aux Barbares, croyez-vous que Paris soit plus riche que le 12 mai 1870 ? Vous découvrez que Brives n'a pas besoin de sous-préfet; vous rognez quelques centaines de francs sur les mandats des employés de la mairie, des juges, des percepteurs et des gendarmes. Bravo ! Un an après, vous faites un voyage d'agrément dans cette ville illustrée par M. Deschalumeaux. Le produit de l'octroi a diminué de moitié; l'herbe croît dans les rues; la plupart des marchands ont fermé boutique; leurs créanciers tendent la main aux passants; le marché est désert; la consommation et la production se sont effondrées de compagnie : Brives est encore Brives, mais n'est plus gaillarde,.. ainsi de suite. Le sujet est immense, il comporterait des volumes, et je vous promets de ne pas les écrire. Consultez les économistes, les politiques, que dis-je? M. Thiers lui-même, qui ne saurait me démentir sans se contredire. Vers 1831, lorsque la Chambre s'acharnait, avec un zèle de nouvelle prêtresse révolutionnaire, à des économies de bouts de bougie, M. Thiers lui prouva, chiffres en main, que toutes les réductions, toutes les coupures opérées sur les traitements ou les emplois, n'égalaient pas ce que rapporte à une seule ville de France un an de tranquillité ou ce que lui coûte une semaine de désordre.

Règle générale, a dit un homme d'esprit : Supprimez des fonctionnaires, vous triplez le nombre des solliciteurs; découragez les solliciteurs, vous multipliez les mendiants.

Oui, seriez-vous aussi jaloux des deniers publics qu'un républicain du 4 septembre, si décidé que vous soyez à mettre au pain et à l'eau la foule des *émargeurs*, toujours vous serez forcé de revenir aux trois grands moyens qui s'offrent aux peuples ruinés pour se tirer décemment des grandes crises financières: l'emprunt, les sacrifices volontaires, le crédit, ou, pour parler plus exactement, la confiance. Au fond, ces trois moyens n'en sont qu'un : discutons-les pourtant, comme s'il était possible de les séparer.

L'emprunt! Sans doute une nation comme la nôtre peut encore, malgré ses fautes et ses malheurs, trouver de l'argent à emprunter; mais les conditions? *That is the rub,* dirait Hamlet. Je ne connais rien de plus soupçonneux, de plus égoïste, de plus circonspect, de plus fugitif que le capital. Bien différent des crapauds et des limaçons, il se cache les jours de pluie et se montre les jours de soleil. Il a des cruautés pour l'infortune et des coquetteries pour la prospérité. Essayez de le saisir, il vous glisse entre les doigts; efforcez-vous de l'attendrir, il reste sourd à vos prières; cessez d'avoir besoin de lui, il se jette dans vos bras. Il lui faut, en d'autres termes, ou des avantages ou des certitudes. Si vous ne le rassurez pas, il vous écrase; pour la plus légère chance de perte ou de faillite, il exige deux pour cent de plus. Maintenant, dites-moi ce qui pourrait le rassurer dans la situation présente. Admettons l'hypothèse la plus optimiste, hélas! et la moins vraisemblable; qu'avant huit jours force reste à la loi; que la Commune soit vaincue; que M. Thiers et ses collègues deviennent maîtres de Paris, et cela sans une seule de ces catastrophes que rendent imminentes la rage, l'audace, la perversité, le désespoir des assiégés. L'armée a fait son devoir, le gouvernement restre; MM. Picard, Jules Simon et Jules Favre, osant un pied victorieux sur les barricades, leurs petites-filles, disent aux populations subjuguées :

Discite justitiam moniti, et non temnere divos!

C'est très-bien, mais après? Qui me dit que la guerre civile, étouffée sur un point, ne se rallumera pas sur un autre? qui me dit que les municipalités de province ne vont pas recommencer l'œuvre destructive de la Commune de Paris?

Pour que la démagogie internationale pût renoncer à ses funestes desseins, il faudrait que ses espérances fussent anéanties; or, qui pourrait les anéantir? Un pouvoir exercé par des hommes qui ont préparé son triomphe? Nos dernières élections? L'agitation de nos rues et de nos clubs? L'abstention décourageante et découragée d'une partie des honnêtes gens? Le décousu et le provisoire sous toutes leurs formes? L'influence des fonctionnaires gambettistes, maintenus dans un grand nombre de localités? Hélas! non, aux grands maux les grands remèdes! Les palliatifs n'ont jamais passé pour des spécifiques; ce qu'il faut c'est une solution, c'est un dénoûment, c'est un gage définitif de stabilité et de durée, c'est un principe bien net, bien en vue, élevé au-dessus de toutes les chicanes et de tous les contrôles auquel puissent immédiatement se rallier les sentiments, les convictions et les intérêts. Ceci m'amène au second moyen qui pourrait nous aider à sortir de ce gouffre financier : les sacrifices volontaires.

Je dis VOLONTAIRES; il n'y a que ceux-là de féconds et d'efficaces. Pour qu'ils produisent tout leur effet, il faut qu'ils puissent s'accomplir sur une grande échelle; qu'ils portent avec eux, comme compensation, contentement et sécurité; que l'homme qui s'honore par cet acte d'abnégation et de patriotisme n'en soit pas trop appauvri; enfin, qu'à son insu et par la force des choses, son sacrifice devienne une excellente affaire.

Ici je touche à une question délicate qui pourrait aisément tourner à la gaucherie ou à la désobligeance. Mais enfin, quand j'aurai déclaré que la pauvreté n'est nullement humiliante, qu'elle peut même devenir un titre à l'estime générale, vous me permettrez d'ajouter que les républicains de la veille, sauf quelques exceptions rarissimes, ne sont pas des millionnaires. Je les en blâme d'autant moins que l'opinion républicaine étant, comme chacun sait, la plus désintéressée de toutes, ces Aristides de clocher caressent leurs idées généreuses sans jamais songer à s'enrichir. Les glorieux lendemains du 4 septembre ne laissent là-dessus aucun doute.

Ceci posé, et s'il est vrai qu'il soit bien difficile de faire un grand sacrifice sans aimer et sans croire, parlons franc. Si les riches sacrifiaient spontanément à la République cette somme, plus ou moins considérable, qui sépare leur superflu de leur nécessaire, il faudrait qu'ils eussent de la foi et de l'amour de reste. Qu'a fait cette République, je ne dis pas pour leur complaire, mais pour les ménager? Proclamée au nom d'un péril commun, dans des conditions et des circonstances qui imposaient, comme loi suprême, l'égalité devant le Prussien, elle n'a pas attendu huit jours pour créer des catégories, diviser les populations, prêcher la discorde, la colère et la haine, dénoncer à tous ceux qui convoitent tous ceux qui possèdent, menacer les capitalistes et les propriétaires, ébranler les fortunes privées, jeter au vent la fortune publique. Elle nous a fait assister, dans la plupart des grandes villes, à des scènes odieuses, sacriléges, honteuses, où les propriétés n'ont pas été plus épargnées que les personnes. Presque partout, l'impunité la plus scandaleuse a légalisé, amnistié ou justifié les actes les plus criminels. Aucune réparation n'a été accordée au droit, à la vérité, à l'innocence, à la religion, à la justice. Les semblants de répression ou de châtiment n'ont été qu'une dérision de plus ; car suivis presque aussitôt d'une capitulation et d'une faiblesse, ils se changeaient en ovations pour les instigateurs de ces désordres ou de ces crimes ; ils redoublaient la consternation des braves gens et l'audace des scélérats.

Voilà le GOUVERNEMENT (?) auquel les grands propriétaires, — dévoués de cœur à l'ordre, à l'autorité, à la monarchie, auraient à offrir une partie de leurs revenus ou une hypothèque sur l'ensemble de leurs biens! Pour l'aider à abréger, à alléger l'occupation allemande, ils se condamneraient à un échange singulier : de l'or, de l'argent et des billets contre les outrages d'hier, les menaces d'aujourd'hui, les alarmes de demain ! Ce serait de la charité chrétienne ; mais ce serait aussi de l'imprévoyance politique.

Supposez, au contraire, que ces sacrifices aient pour excitant et pour récompense le rétablissement de la monarchie... oh ! quelle différence ! Et comme mon vieux cœur bat rien qu'à l'idée de l'intime et profonde joie que je trouverais dans cette offrande, de l'émotion délicieuse avec laquelle je dirais : « Que mon roi ait le bonheur et la gloire de délivrer, six mois plus tôt, le territoire de la France, et nous nous croirons plus riches que tous le Nababs de l'Inde, que tous les banquiers de la Cité ; c'est nous qui serons les obligés de la royauté et de la patrie !... » — Et ce sentiment serait partagé par des milliers d'hommes qui pensent et espèrent comme moi ; et, là où le sentiment ferait défaut, l'intérêt bien entendu suffirait à le remplacer ; car remarquez que ma seule crainte, en parlant de ces sacrifices, est de commettre une gasconnade. Ces dons volontaires, qui, chez les royalistes, acquitteraient une dette de cœur et un devoir de conscience, seraient, pour les autres, le placement le plus intelligent et le plus sûr. Ce que nous porterions respectueusement sur les marches du trône, ils le porteraient ingénieusement sous le péristyle de la Bourse. Ce qui sortirait par la fenêtre des châteaux, rentrerait par la porte des banquiers; et c'est ainsi que nous nous trouverions tout près de ce crédit, de cette confiance, dont nous sommes, hélas! si loin.

Lamoricière, qui avait eu, lui aussi, sa phase d'illusion républicaine, l'a dit quelque temps avant sa mort : « Ce serait assez de M. CRÉDIT pour rappeler la royauté légitime, quand même le sentiment monarchique serait éteint en France. » — Le crédit, la confiance, c'est-à-dire ce qu'il y a de plus impalpable et de plus réel, de plus idéal et de plus positif, de plus insaisissable et de plus fécond. Le crédit, qui fait quelque chose avec rien, beaucoup avec quelque chose; architecte mystérieux qui rebâtit des palais avec des décombres; hardi calculateur dont les traites invisibles circulent

plus rapides que la vapeur et le vent ; joueur
infaillible qui réalise le problème de gagner toujours sans tricher jamais, pourvu qu'on l'autorise
à mettre le roi dans son jeu. Ici les preuves surabondent et s'unissent aux souvenirs. La République, même la plus sage, est mortelle à ce Crédit
qui ranime et enrichit tout. Elle est essentiellement
provisoire, transitoire, mobile, sujette aux oscillations et aux secousses, suspendue entre l'excès qui
la perd et la réaction qui la tue. Or, ce qu'il lui
faut, à lui, Crédit, c'est le définitif, le terrain
ferme, la garantie solide, la longue échéance.
La République est sa Dalilah. A chaque cheveu
qui tombe sous ses ciseaux, c'est un million qui
se perd dans le néant et le vide. La Restauration
a trouvé la France plus écrasée peut-être qu'elle
ne l'est aujourd'hui ; car l'invasion avait été précédée, non pas de trois semaines, mais de trois ans
de désastres. Les ressources offertes à l'agriculture,
au commerce, à la spéculation, à l'industrie,
étaient alors bien moindres qu'à présent. Il n'y
avait ni chemins de fer, ni routes départementales,

ni vastes entrepôts maritimes, ni correspondances incessantes entre l'ancien et le nouveau monde ; Eh! bien! par la seule influence de la monarchie sur le crédit et de la bonne politique sur les bonnes finances, toutes nos plaies étaient fermées dès 1821. En 1830, nous étions trop riches, et c'est pour cela peut-être que nous nous sommes passé le luxe d'une Révolution. En revanche, nous sommes aujourd'hui tellement pauvres que nos dettes républicaines ne peuvent plus être payées que par une monarchie.

12 mai 1871.

VIII

LES ÉTATS DU LANGUEDOC[1]

Si quelque chose pouvait nous consoler de nos malheurs, ce serait le mouvement qui s'opère dans tous les bons esprits, et qui, un instant retardé par le *schisme* parisien, doit trouver dans ce sinistre épisode de folie et de ruine, une condition nouvelle de vigueur et d'énergie. Ce mouvement libérateur pourrait se résumer en quelques idées principales : renouer les traditions rompues par quatre-vingts ans de révolution; réconcilier le présent avec le passé; prouver à la génération actuelle que les abus et les priviléges, qui amoindrirent les

---

1. *Les États du Languedoc*, par Frédéric Béchard.

bienfaits et hâtèrent la décadence d'institutions excellentes, ne sont plus possibles aujourd'hui; montrer comment ces institutions séculaires, dégagées de leur alliage, accommodées à l'esprit nouveau, sagement appliquées à une œuvre de réparation et de salut, peuvent nous aider à refaire à la fois la province et la France; rendre au pays épuisé l'initiative, le patriotisme, l'âme, l'activité, la vie; réduire à des proportions raisonnables les prérogatives de Paris, et finalement rendre impossible cette monstruosité qui nous a perdus et qui ajourne encore notre délivrance : une nation entière, violentée tous les quinze ou vingt ans et condamnée à une périodicité révolutionnaire, parce qu'il plaît à sa capitale, que dis-je ? à la fraction la plus dangereuse, la plus méprisable, la plus tarée, la plus vicieuse, la plus funeste de la population de sa capitale, de remuer des pavés, de désarmer des corps de garde et d'assassiner des sergents de ville.

Ce sont ces idées qui ont inspiré à M. Frédéric Béchard sa remarquable étude sur les *États du Languedoc.* Il les retrouvait, pour ainsi dire, dans ses papiers de famille; qui de nous serait assez ingrat pour oublier que Ferdinand Béchard — cet homme de bien, jurisconsulte, érudit, publiciste, orateur, — a consacré toute sa vie à plaider pour la décentralisation administrative et politique, à éclaircir, à populariser cette grande question qui lui paraissait dès lors dominer toutes les querelles de partis ? Mais la France n'avait pas encore assez souffert pour lui offrir ses douleurs et ses colères comme pièces justificatives. Se croyant, après chaque épreuve, redevenue maîtresse de ses destinées, nourrie de préventions bourgeoises, bercée d'illusions démocratiques, absorbée par les intérêts matériels, distraite de ses périls par des magnificences extérieures, persuadée, sur la foi de ses corrupteurs et de ses sophistes, que tout l'ensemble du régime antérieur à 89 n'avait été que ténèbres, oppression, servitude, attentat permanent contre l'humanité, le progrès et la liberté, elle refusait d'écouter les vrais politiques, justement effrayés de tout ce qu'il y avait de fragilité, de menaces, d'éléments de ruine, de germes de mort dans ces apparences de force et de santé. C'est une des faiblesses de l'homme, que ses prospérités soient aussi susceptibles que son infortune. Il se regarde comme si innocent de son malheur, qu'il ne veut pas qu'on lui dise qu'il l'a peut-être mérité ; il se sent si peu fait pour le bonheur, qu'il s'inquiète et s'irrite de tout ce qui lui en rappelle la brièveté et l'incertitude. Les sociétés sont comme les individus; le *prenez garde !* leur est aussi odieux que le *je vous l'avais bien dit !* Heureuses, elles traitent de pessimiste, de rétrograde et de radoteur quiconque leur montre le gouffre au bas des pentes fleuries; malheureuses, elles s'en prennent à tout, de ce qu'elles souffrent ou redoutent, excepté à leurs folies et à leurs fautes.

Maintenant les yeux les plus rebelles ont été forcés de s'ouvrir. La décentralisation dont Ferdinand Béchard aura été le précurseur, s'affirme et s'impose dans chacune de nos calamités. Il n'y a pas de milieu ; ou achever de périr, ou reconstruire

7.

cette machine gouvernementale à laquelle moins d'un siècle a suffi pour pervertir, énerver, ruiner et perdre la première nation du monde. Or, il n'y a rien de nouveau sous le soleil :

« Lorsqu'on croit inventer, on se souvient encore! »

Cette refonte sociale, si nécessaire et si urgente, ne doit pas ressembler à une de ces téméraires aventures après lesquelles on est réduit à revenir au point de départ. Ceux qui vont mettre la main à l'œuvre auront à regarder tour à tour en avant et en arrière ; à étudier ce qui peut, dans l'ancienne organisation des provinces, se concilier avec les exigences de notre époque; ce qui doit disparaître ou survivre dans cette centralisation qu'il ne serait pas juste d'attribuer tout entière à la Révolution et à l'Empire ; comment de ces deux forces qui ont été compromises, l'une par ses contradictions, l'autre par ses excès, on pourrait recomposer enfin ce que le passé n'a pas su défendre, ce que le présent n'a pas su garder.

On a déjà remarqué que les *pays d'Etat* étaient

restés plus énergiques et plus fiers que les pays d'élections ; que leur physionomie et leur caractère avaient mieux échappé au nivellement universel; qu'ils avaient opposé ou apporté à la Révolution un jugement plus sain, des idées plus droites et plus fermes, une détermination plus virile et plus fortement trempée. L'excellent écrit de Frédéric Béchard justifie cette remarque.

On comprend, en le lisant, pourquoi la France n'a jamais été plus robuste, plus *française*, mieux préparée à la défense nationale, que lorsque la province, vivant de sa vie propre, faisait de son autonomie et de ses franchises municipales une partie essentielle de son dévouement à la patrie commune. Ces institutions, mal connues, défigurées par l'orgueil philosophique, suspectes à la monarchie absolue, gênantes pour ses ministres, raillées par l'esprit moderne, dépassées d'un bond par a tyrannie révolutionnaire, ont sauvegardé l'indépendance et l'intégrité du territoire dans des crises tout aussi terribles que la guerre de 1870, et où la comparaison n'est pas à notre avantage. Que serait-

ce si on parlait des travaux publics, si on discutait le préjugé d'après lequel rien de grand en ce genre n'aurait été entrepris et exécuté avant le règne des bureaucrates, des ingénieurs et des architectes patentés par l'État? « Aujourd'hui même, nous dit
» Frédéric Béchard, en ce siècle de chemins de fer
» et d'entreprises gigantesques, il est impossible de
» traverser le Languedoc sans se sentir frappé
» d'admiration à l'aspect de ces routes dont les
» ingénieurs modernes, au bout d'un ou deux siè-
» cles, n'ont encore qu'à surveiller l'entretien, à
» l'aspect surtout de ce canal qui réalise, entre
» l'Océan et la Méditerranée, une pensée, aussi
» grandiose que le percement de l'isthme du
» Suez.

» C'est aux États du Languedoc que l'on doit,
» outre le canal du Midi, ceux de Saint-Pierre à
» Toulouse, de Grave et de Lunel; ceux de la
» Radelle et de Silveréal, communiquant d'Aigues-
» Mortes au Rhône, aux étangs et à la mer; le port
» et les remparts d'Aigues-Mortes; le port de Cette;
» l'aqueduc de Montpellier, construit sur le modèle

» du pont du Gard ; les ponts de la Garonne et de
» l'Aude, etc... »

Nous dépasserions les limites de cet article, si nous voulions énumérer, avec Frédéric Béchard, tout le bien que firent les États du Languedoc au dedans et au dehors, pendant la guerre et pendant la paix. Comment se fait-il donc que ces antiques garanties de l'indépendance nationale et locale aient été impuissantes à contenter ou à conjurer la Révolution, qu'elles n'aient pas été plus épargnées par les novateurs que les abus dont elles offraient le correctif et le contrepoids? Comment a-t-on frappé du même coup et englouti dans le même naufrage la monarchie absolue qui ne dépérissait que faute d'intermédiaires entre le trône et la nation, et ces intermédiaires eux-mêmes qui pouvaient, en se développant, adoucir le choc du vieux et du nouveau monde et prévenir de meurtrières secousses? N'était-il pas possible de les réformer sans les détruire, de leur infuser un sang plus jeune sans les tuer d'un accès de fièvre chaude, de les débarrasser de leurs entraves sans les traiter comme s'ils étaient des obstacles aux progrès et aux réformes ?

L'explication de ce contre-sens, l'auteur des *États du Languedoc* nous l'indique avec cette justesse d'aperçus dont il a déjà donné tant de preuves. Ce qui manquait aux États, c'est l'accord entre le fond et la forme, les moyens et le but, l'esprit même de l'institution et les hiérarchies d'ancien régime. Cet antagonisme devenait plus visible et plus dissolvant, à mesure que la royauté, convaincue qu'elle se fortifiait en s'isolant et que l'absence de contrôle ajoutait à son autorité morale, déblayait d'avance le terrain pour ceux qui allaient la combattre et la renverser. Prises entre deux feux, les feux mourants de la monarchie qui n'en voulait plus et les flammes dévorantes de la révolution qui n'en voulait pas, les franchises provinciales succombèrent à cette loi fatale qui poussait également aux extrêmes la résistance et l'attaque. Elles étaient trop pour l'une, pas assez pour l'autre. L'une les avait impatiemment supportées, leur reprochant de retarder l'œuvre de la grandeur monarchique et de l'unité nationale; l'autre les supprima, parce qu'elle prétendait faire table rase pour tout rétablir après avoir tout détruit. Mais, dès lors, les esprits clairvoyants pressentirent les désastreuses conséquences de ce déclassement des provinces. « — Nous nous résignons, s'écriait en décembre 1789 le député Barrère, à laisser supprimer les États et à ne revenir un jour au système fédératif, que lorsque la France aura épuisé toutes les calamités attachées aux révolutions. »

« Hélas! ajoute excellemment M. Béchard, ces
» calamités, nous les avons toutes connues, et nous
» en subissons encore la douloureuse épreuve; ré-
» volutions se succédant à Paris, tous les quinze
» ou vingt ans, avec une régularité chronométri-
» que, et imposées par télégramme à la Province;
» deux invasions livrant, en 1814 et en 1815, la
» France à l'étranger par la prise de Paris; les dé-
» partements se dépeuplant peu à peu au profit
» d'une capitale, menacée de congestion, quand
» ils sont eux-mêmes frappés d'anémie; le pays
» roulant de dictature en dictature, de gouverne-

» ment d'aventure en gouvernement de hasard,
» d'abîme en abîme ; aujourd'hui enfin, pour la
» troisième fois, en cinquante ans, l'ennemi fou-
» lant de nouveau notre sol, brûlant nos villages,
» rançonnant nos villes, assiégeant Paris, parce
» qu'il sait que la possession de Paris lui livrera
» encore une fois le pays tout entier ! Il a fallu
» dix siècles à la monarchie pour faire la France.
» Pour la défaire, il n'a fallu que quatre-vingt ans
» à la Révolution. »

C'est au commencement de janvier, trois semaines avant la capitulation de Paris, deux mois
avant l'insurrection de la Commune, que Frédéric
Béchard écrivait ces lignes si vraies, si douloureu-
sement prophétiques. La centralisation s'est chargée
de fournir un épilogue à cette page d'histoire. Dès
que nous sûmes, en province, que Paris affamé
demandait grâce, aussitôt deux pressentiments in-
vincibles, en dépit des dernières hâbleries de l'école
gambettiste, s'emparèrent, l'un des multitudes,
l'autre des intelligences d'élite ; celles-là comprirent
instinctivement que la guerre était finie, que les

derniers débris de nos armées allaient être écrasés par la chute du géant; celles-ci devinèrent que nous n'étions pas au bout de nos angoisses, que cette funeste capitale, surexcitée par cinq mois de siége, préparée à la guerre civile par la guerre étrangère, furieuse d'avoir été trompée au lieu d'être secourue, accusant à la fois de son abandon le gouvernement et la province, ayant perdu, par l'isolement et le blocus, l'habitude de sentir battre près de son cœur le cœur du reste de la France, ne sachant plus que faire d'une population hybride qui devenait dangereuse en cessant d'être nécessaire, pleine de gens nourris aux frais de la République et désaccoutumés du travail, fière de sa longue défense, exaltée par la louange, aigrie par les privations et la défaite, aggravant tous les mauvais conseils de l'orgueil en délire par toutes les amertumes de l'humiliation finale, ne saurait ni se résigner, ni s'apaiser, ni se fondre de nouveau avec le pays dont le siége l'avait séparée, ni s'occuper avec nous de guérir ses blessures, ni accepter sagement les réformes politiques et l'ère de pénitence qu'allait lui imposer cette série de désastres.

Évidemment, quiconque essayerait de lui parler raison lui ferait l'effet d'un Prussien; sa colère ne demandait qu'à s'assouvir sur qui se méfierait de ses intentions et toucherait à sa prépondérance. Qu'une occasion vînt à s'offrir; que des armes fussent laissées entre ses mains fiévreuses; que la question de sécurité fût follement sacrifiée à la question d'amour-propre, il était clair que les canons de la défense deviendraient les canons de l'émeute, que la Révolution, obstinée de longue date, à se préférer à la France, reparaîtrait sous une autre forme, que l'impunité multiplierait à l'infini les insurgés du 31 octobre, que la capitulation de Paris et ses suites diminueraient d'autant le nombre et la force des hommes d'ordre, et que les fusils chargés contre les Allemands seraient tirés contre les Français. Je me trompe pourtant, quand je parle des intelligences d'élite et de leurs pressentiments. Il y en eut une, — élite entre l'élite, puisque l'Académie l'a réclamée et qu'on n'a cessé de lui confier les missions les plus délicates, — qui refusa de prévoir ce qui sautait aux yeux, et de renoncer à des illusions qui ne lui avaient pas porté bonheur.

Nous avons tous payé, nous payons tous pour l'erreur naïve d'un vieil avocat, à qui sa profession, son expérience et son âge ôtaient le droit d'être naïf, et dont la confiance était encore de l'orgueil. M. Jules Favre en a dit son *meâ culpâ*, à la tribune, à la face de la France qui en pleure, de la Prusse qui en rit, de l'Europe qui en profite pour nous retirer son estime et sa pitié. Ce n'est pas assez! Les *meâ culpâ*, qui réparent tout en religion, parce que Dieu, supérieur à l'offense, peut se contenter du repentir, ne réparent rien en politique, parce que les conséquences de la faute résistent au regret de l'avoir commise. En pareil cas, il n'y a qu'un *meâ culpâ* possible : c'est de disparaître. Le gouvernement qui s'opiniâtre à nous montrer le coupable au premier rang de ses mandataires, pendant que chaque jour envenime les malheurs qu'il a causés, ce gouvernement de transition prouve, à nos dépens, qu'il est, à la fois, trop fidèle à son origine et trop inférieur à sa tâche.

Quoi qu'il en soit, les événements de Paris, loin de *distancer* l'écrit de Frédéric Béchard, ajoutent encore à son à propos. En grossissant le dossier, en décuplant nos griefs, en achevant de centraliser le péril et la ruine, ils rendent irrésistible ce qui n'était qu'évident, urgent ce qui n'était que nécessaire. Dans sa conclusion éloquente, l'auteur résume tous les enseignements que son sujet offre à la situation présente. Les restes de féodalité qui, se mêlant à l'organisation des États, pouvaient donner le change sur leur mission et leur caractère, sont aujourd'hui perdus dans la nuit des temps. Leur apparat hiératique et seigneurial déguisait leur réalité bourgeoise; œuvre d'une alliance défensive entre les divers ordres, il leur arrivait trop souvent d'offenser en détail l'amour-propre de ce Tiers dont ils sauvegardaient en fait les intérêts et l'avenir. Progressifs et stationnaires tout ensemble, utiles à l'égalité future et constatant l'inégalité présente, ils gâtaient aux yeux des novateurs et des niveleurs l'association par le privilége et la communauté par les préséances. C'est par ce côté qu'ils déplurent à la Révolution, laquelle, au bout de quatre-vingts ans, incapable de rien fonder, toute-puissante pour détruire, réduite à l'alternative ou de régner sur le néant ou d'être étouffée sous des décombres, a cependant montré, dans ces derniers temps, à travers ses folies et ses crimes, je ne sais quel vague instinct qui la ramenait à son point de départ et la réconciliait avec les objets de ses vieilles antipathies.

Frédéric Béchard a raison; qu'étaient-ce que ces tentatives séparatistes ou sécessionnistes, ébauchées par des préfets démagogues, qu'étaient-ce que ces Ligues du Sud-Ouest ou du Midi, qu'étaient-ce enfin que ces armées de province, succédant aux troupes régulières, sinon les symptômes bien divers, bien détournés de leur origine, d'un retour vers ces idées de fédération provinciale, que les législateurs de 89 proscrivaient de leurs codes, que les terroristes de 93 eussent punies de mort? Qu'est-ce que la Commune de Paris, ajouterait-il aujourd'hui, sinon le simulacre et le prétexte allégué par la démagogie pour reconquérir les libertés et les initiatives municipales? Par malheur, cette démagogie aveugle et brutale, prompte à traduire les idées en passions et les passions en attentats, corrompt tout ce qu'elle touche. C'est le mancenillier à l'ombre duquel la mort s'insinue dans les veines, la *Mal'aria* qui fait circuler la fièvre avec le souffle des brises et aspirer le poison avec le parfum des fleurs. D'un moyen de sauvetage qui pouvait racheter les fautes de l'Empire, les extravagances de Paris, les défaillances de nos généraux et de nos soldats, elle a fait un nouvel élément de dilapidation et de désordre. De ce qui aurait pu donner à réfléchir aux habiles et aux sages, elle a fait un spectacle hideux où l'idée primitive se noie dans un chaos de scènes atroces, odieuses ou grotesques.

N'importe! si la France doit revivre, c'est par la province qu'elle revivra ; c'est en se souvenant que la *congestion cérébrale* tue à la fois le cerveau et le corps, et en rétablissant l'équilibre entre cette province laborieuse, pacifique, ennemie des révolutions, constamment sacrifiée, et ce Paris à qui Frédéric Béchard, plus indulgent peut-être en janvier qu'il ne le serait en mai, ne veut enlever que sa puissance d'absorption, son omnipotence révolutionnaire et politique. Soit ! que cette ville fatale, aux fascinations meurtrières, semblable à ces courtisanes du Titien dont la beauté sinistre fait songer à un pacte entre la volupté et le crime, que cette ville, si on lui en laisse les moyens, reste la souveraine des arts, des lettres, des sciences, du plaisir intelligent, de la causerie aimable, du salon et du théâtre, de la fantaisie aux ailes d'abeille, de la mode au plumage de colibri, de tout ce qu'elle livre en ce moment aux sauvages et aux barbares; mais rien de plus.

Pour commencer, tous, tant que nous sommes, tâchons de nous guérir de cette fatuité ridicule qui consistait à dire : « Je suis lettré, je suis artiste, j'appartiens à une élite; j'aime à élever ma pensée au-dessus des sujets vulgaires; donc je ne puis habiter que Paris, écrire qu'à Paris; » et cela, pendant que les possesseurs d'une richesse moins idéale s'écriaient à l'envi : « J'ai cent mille livres de rente, un château, des terres; je suis entouré de fermiers, de paysans pour qui ma présence est un bienfait; donc ce n'est qu'à Paris que je puis dépenser mes revenus. » Double erreur qui est pour quelque chose dans nos désastres ! Du moins, ces désastres auront servi à nous convertir. En séquestrant la capitale, ils ont déplacé et distribué ailleurs les foyers d'activité intellectuelle. Une transformation s'est opérée d'elle-même, sans que nous y prenions garde, et, un beau matin, ne voulant pas demeurer tout à fait oisifs et inutiles, nous nous sommes trouvés, la plume à la main, à deux cents lieues du boulevard Montmartre, parlant d'autre chose que du roman de M. Feydeau ou de la pièce de M. Sardou. Frédéric Béchard nous donne un bel et sérieux exemple. Ses *États du Languedoc* ne feront assurément oublier ni ses drames si vrais, ni ses romans si émouvants, ni ses critiques si judicieuses; mais ils prouvent que son talent souple et ferme ne perd rien en s'appliquant à des sujets plus graves. Houneur au passager dont les récits, en temps de calme, charment les ennuis du voyage, et qui met la main au gouvernail quand se déchaine la tempête !

17 mai 1871.

IX

LA COLONNE VENDOME

En renversant cette fameuse colonne que le citoyen Victor Hugo avait passionnément chantée et qui n'a pas eu l'airain assez fort pour résister à la démagogie, les Mohicans de Belleville et les Caraïbes de la Villette ont cru peut-être que ce coup d'audace n'avait d'autre inconvénient que d'encombrer la place Vendôme. Ils se sont trompés : sans le vouloir et sans le savoir, ils ont déblayé le chemin des Tuileries.

Vous allez me dire qu'à force d'être plein de mon sujet, — ou plutôt de mon Roi, — je le retrouve partout, même dans ces actes de bestialisme sauvage qui ne relèvent plus d'aucun parti politique. Eh bien! permettez-moi de m'expliquer.

Ne remontons pas plus haut qu'en 1829. Quarante-deux ans, c'est beaucoup; c'est presque trois fois le *grande mortalis œvi spatium ;* pourtant cet *espace,* qui a suffi à cinq révolutions, n'est pas tout à fait celui d'une vie humaine, et pas n'est besoin d'avoir vécu autant que M. Auber pour se souvenir des derniers mois du ministère Martignac.

Or, ce jour-là, — février ou mars 1829, — je rencontrai, place Vendôme, un de mes camarades de collége, vaillant et poétique jeune homme, qui n'avait qu'un tort : fils d'un ancien ministre de Napoléon, il se croyait sincèrement libéral, lorsqu'il n'était que bonapartiste.

— Ah çà, me dit-il, *ta* monarchie en fait de belles !... Tu ne sais pas ?

— Quoi donc ?

— Cette insolente ambassade d'Autriche ne veut plus qu'on annonce nos maréchaux sous leurs noms consacrés par la victoire, mais sous leurs simples noms de famille; elle ordonne à ses huissiers de service de ne plus dire duc de Dalmatie, prince de Wagram, duc de Reggio, duc de Bellune, mais Soult, Berthier, Oudinot, Victor..... c'est une infamie, et Dieu veuille qu'elle n'ait pas été concertée entre le comte d'Appony, la Congrégation et Charles X!... N'est-ce pas, ici et là, chez les oppresseurs de l'Italie, comme dans le parti-prêtre, chez les marquises du faubourg Saint-Germain comme chez les fidèles de l'ex-pavillon Marsan, le même esprit rétrograde, la même haine de nos gloires nationales et de nos libertés publiques? Ah! s'ils l'osaient, comme ils se hâteraient de renverser cette glorieuse colonne, monument...

— De nos gloires, de nos victoires, tu l'as déjà dit; souvenir impérissable des *succès* obtenus par les *Français*, et des *lauriers* cueillis par nos *guerriers*... Ce serait bien dommage, et mon indignation égalerait la tienne... D'abord, nous ne pourrions plus être fiers d'être Français en regardant cette colonne... qui n'existerait plus... Ensuite, le répertoire du Vaudeville mourrait d'inanition... Puis les chansons de Béranger n'auraient plus de raison d'être; enfin, Barthélemy et Méry seraient forcés de dépayser les trois derniers vers de leur poème de la *Villéliade* :

> Sous les parvis SACRÉS de la place Vendôme,
> La terre tressaillit, et l'oiseau souverain
> S'agita radieux sur son sceptre d'airain !

Petits détails qui, pour le dire en passant, prouvent que nous ne sommes pas bien féroces, puisque les chansons ont fait fortune, puisque les vaudevilles se chantent tous les soirs, puisque la *Villéliade* en est à sa quinzième édition !

— Plaisanter n'est pas répondre...

— Ne plaisantons pas, raisonnons ! Qui te dit que le roi et ses ministres, — les Martignac, les La Ferronnays, les Hyde de Neuville, — soient pour quelque chose dans la boutade du comte d'Appony ? C'est bien peu probable... Si, en 1815, au moment où les Prussiens que ton empereur nous avait mis sur les bras, pouvaient parler en maîtres, Louis XVIII a sauvé le pont d'Iéna — entends-tu bien ? — le pont d'Iéna, en déclarant qu'il allait y faire installer son fauteuil, à qui fera-t-on croire qu'au bout de quatorze ans, après la campagne d'Espagne et l'expédition de Morée, quand nous avons refait notre armée et nos finances, quand la France a repris son rang en Europe, quand nos jours de fête et de deuil ont été célébrés par Victor Hugo et Lamartine, notre roi puisse se faire complice d'un ambassadeur étranger pour humilier ou renier des souvenirs désormais acquis à l'histoire? Les royalistes ne sont pas plus importunés de Marengo, d'Austerlitz et de Wagram, que vous ne devriez l'être de Rocroy, de Lens et de Fontenoy... Non, non! Les d'Appony ont le vent en poupe... Leurs soirées sont fort à la mode... c'est à qui s'y fera inviter...

Ici légère rougeur de mon ami, lequel, danseur intrépide et valseur remarquable, n'avait pu résister au plaisir de déployer ses grâces dans le salon réfractaire aux gloires impériales. Je repris :

— C'est à eux, et à eux seuls, qu'il faut attribuer l'initiative de cette taquinerie... ils ont voulu tâter le terrain, et, plus tard, en cas de réussite, s'en faire honneur à la cour de Vienne.

En effet, Charles X n'eut qu'à dire un mot, et telle était l'autorité morale de notre auguste Maison de France, que l'épisode n'eut pas de suites.

Mais l'émotion avait été vive, la rumeur retentissante, et il en résulta une vibration lyrique qui nous donna la première *Ode à la Colonne*, de Victor Hugo. Nous avons tous su par cœur ces beaux vers, qui, rapprochés des *Deux Iles*, de *Lui*, de *Bounaberdi*, marquaient, dans la carrière du poëte monarchique, un prélude de défection, un premier sacrifice à la popularité, un trait d'union entre ses débuts royalistes et ses ardeurs ultra-révolutionnaires. Il était encore bien loin des *Châtiments* et de l'*Homme qui rit*; mais il insultait déjà la majesté royale dans *Marion Delorme* et dans *le Roi s'amuse*, et il n'était déjà plus le noble et pur poëte de la *Naissance du duc de Bordeaux* et des *Vierges de Verdun*. Remarquons, entre parenthèses et pour n'avoir plus à y revenir, qu'un malheur de famille, la mort de Charles Hugo, a pu seul empêcher l'auteur de l'*Ode à la colonne* et autres dithyrambes napoléoniens de se trouver à Paris, côte à côte avec les héros de la

Commune, et de voter avec ses amis Félix Pyat, Delescluze et Raoul-Rigault, la chute de la colonne Vendôme.

Il est vrai que, pour s'en dédommager, l'auteur de la délicieuse élégie de *Louis XVII*, l'homme qui avait écrit ces vers admirables :

> Louis, sacré deux fois pour un double royaume,
> Sur le trône et sur l'échafaud,

aurait pu et dû voter, toujours avec ses amis Raoul-Rigault, Delescluze et Félix Pyat, la démolition du monument expiatoire.

Quoi qu'il en soit, voici quelles étaient, il y a moins d'un demi-siècle, les situations respectives.

D'une part, l'antique monarchie française, servie par des hommes tels qu'on n'en a plus retrouvé, justement fière d'avoir, en quinze ans, ramené la France à un niveau de prospérité et de grandeur qu'elle ne connaît plus que par ouï-dire ; — mais signalée par toutes les variétés du libéralisme bonapartiste, c'est-à-dire de l'amour de la liberté greffé sur le culte de la tyrannie, comme sourdement hostile à tout ce qui rappelait les triomphes de la Révolution et de l'Empire, comme disposée à heurter à tout propos le sentiment national, à saisir toutes les occasions pour reculer jusqu'aux ténèbres du Moyen Age, jusqu'aux abus de l'ancien régime.

D'autre part, les bonapartistes libéraux, enrôlant sous le drapeau d'Austerlitz une jeunesse ivre d'illusions et aveuglée d'enthousiasmes; la poésie versifiant les inconséquences de la politique; Béranger, Casimir Delavigne, Victor Hugo, Méry, Barthélemy, — sans compter la vieille garde du *Constitutionnel* et de l'Académie, — donnant la réplique au général Foy, — en attendant M. Thiers, et tout ce monde brillant, bruyant, ardent, frondeur, poétique, satirique, libéral, agressif, progressif, spirituel, artiste, prenant pour point de ralliement…

LA COLONNE DE LA PLACE VENDOME.

Maintenant, groupons pour mémoire, autour de ce monument dont on ne peut plus dire *œre perentius*, les *batailles* d'Horace Vernet, que l'on allait en pèlerinage contempler et admirer dans l'atelier

du peintre; la vogue extraordinaire du *Mémorial de
Sainte-Hélène*, du recueil de *Victoires et conquêtes*;
les expositions au profit des Grecs, pleines de ta-
bleaux dédiés aux grognards de la Grande Armée;
et enfin les vingt éditions de la *Campagne de Russie*,
de M. de Ségur, qui vit encore et doit faire de sin-
gulières réflexions sur le juste retour des choses et
des colonnes d'ici-bas; nous aurons, en abrégé, le
premier chapitre de cette édifiante histoire.

Le temps fait un pas; ce pas est une Révolution;
je n'en dirai rien, de peur d'en trop dire. Après
juillet 1830, le sentiment bonapartiste se divise,
pour régner. Le nouveau gouvernement, pacifique
par nature, s'adjuge, en guise de décor et d'orne-
ment, la gloire impériale; le coq gaulois se pare
des plumes de l'aigle. On encourage ce que la Restauration n'avait pu que tolérer; la renaissance
officielle du chauvinisme éclate dans des pièces militaires et populaires qui font une consommation
effroyable de Russes et de Prussiens, et où il suffit
à un acteur, pour être applaudi à l'égal de Talma,
de rappeler vaguement le profil du vainqueur d'Ar-

colé et de savoir prendre une pincée de tabac dans la poche de son gilet.

Ainsi le DOGME napoléonien subit une seconde altération. Après avoir accepté le mensonge d'une monstrueuse alliance avec la jeune liberté, il se laisse emprunter un reflet de ses splendeurs guerrières par une dynastie et une société bourgeoises qui, remplaçant la légitimité par le sauvetage et le droit par l'intérêt, ne pouvaient vivre et prospérer u'à l'aide de la paix. Ce fut là, de la part de Louis-Philippe et de ses conseillers, une de ces habiletés vulgaires dont ne se méfient pas assez les esprits fins et madrés, dépourvus d'élévation morale.

Entourés et servis par la seconde génération des hommes de l'Empire, voyant le duc de Reichstadt annulé par la politique de M. de Metternich, puis frappé, à vingt et un ans, de langueur, d'agonie et e mort, ils se crurent les exécuteurs testamentaires e l'ile d'Elbe et de Sainte-Hélène, au bénéfice de la charte constitutionnelle. Récolter sans péril un regain de cette héroïque épopée, accrocher tant bien que mal l'*étoile des braves* à l'habit noir du professeur ou de l'avocat, amuser les imaginations inquiètes sans troubler le repos des positifs et des sages, l'idée semblait excellente ; la combinaison ne pouvait que tourner au profit d'une monarchie par à peu près, qui, se sentant trop récente pour s'appuyer sur le passé, trop faible pour être maîtresse du présent, espérait gagner du temps en demandant à la légende ce que lui refusait l'histoire. Cette combinaison aboutit, dix ans plus tard, au retour en France des cendres de Napoléon. Ce second mensonge eut là son expression suprême, déjà voisine du châtiment.

Tandis que la branche cadette, absolument étrangère aux souvenirs de l'Empire, et dont le chef, s'il avait eu le génie des grandes choses au lieu de n'avoir que l'esprit des petites, eût franchement répudié toute cette défroque, contraire à l'idée, à l'origine, à l'intérêt de son règne, — tandis que la branche cadette s'évertuait à rajeunir le DOGME napoléonien, à y ramener les multitudes, à en faire tour à tour l'émotion et l'amusement des masses populaires, à en repaître nos regards, à épousseter les vieux uniformes de la salle des maréchaux ou du Cirque-Olympique, à ensemencer de graines d'épinards les jachères du juste-milieu, un fait parallèle se produisait à deux reprises, traité d'abord comme l'équipée sans conséquence d'un aventurier sans valeur, sans parti, sans raison et sans argent. Le véritable héritier, ou soi-disant tel, de cette lourde succession escamotée par un gouvernement pacifique, réclama, le pistolet au poing et l'aigle au chapeau, contre cette usurpation des prestiges de la guerre par les douceurs de la paix. Il s'était dit qu'en définitive, puisque ce prestige avait encore tant de puissance, puisque la redingote grise et le chapeau légendaire faisaient encore battre tant de cœurs, il serait bien niais, lui, Bonaparte, lui, neveu du grand homme, d'en laisser le bénéfice à d'autres. Ce calcul ne lui réussit pas d'abord; mais la suite, hélas! a prouvé qu'il n'avait que trop bien raisonné.

Nous voici en février 1848, et le mensonge bonapartiste va prendre une troisième forme en passant le Rubicon républicain. Ici, nous nous rapprochons de l'époque présente, et je puis parler *de visu* et *de auditu*. Garde national à Paris pendant toute cette année turbulente, c'est-à-dire placé aux premières loges pour voir jusqu'où peut aller la bêtise humaine, il me fut facile de constater, dès le mois de mars et d'avril, que cette révolution, toute parisienne, bâclée au nom d'une prétendue liberté dont nul ne se souciait, était plus démocratique que libérale, et tout aussi napoléonienne que démocratique; quelque chose comme l'*article additionnel* du pavé et du trottoir, substitué à la charte des parlementaires et des esprits cultivés. J'ignore ce que pensent aujourd'hui les concierges, les marchands de tabac, les figurants de théâtre, les petits boutiquiers, trahis et froissés dans leurs deux plus chères affections, le café au lait du matin et *le Petit Journal* du soir; mais, ce que je puis attester, c'est qu'ils étaient dès lors tout disposés à immoler la seconde république sur les autels d'un second empire, où fumait encore la poudre des mélodrames de M. Ferdinand Laloue. Cette malheureuse république était innocente comme l'enfant qui vient de naître; elle avait à sa tête d'autres hommes, d'autres noms que les

Glais-Bizoin, les Fourrichon, les Rochefort et les Gambetta; elle n'avait fait d'autre mal que de faire peur; n'importe! on la sentait si peu viable, que la classe à demi-bourgeoise, à demi-plébéienne, type de la population parisienne, cherchait ailleurs son idéal et se passionnait pour sa funeste chimère.

Lorsque l'Empire, inepte dans ses concessions *libérales* comme il allait l'être dans son entreprise guerrière, permit de tout dire pour préparer à tout faire, le coup d'État du 2 décembre fut représenté comme un crime abominable, et, certes, ce n'est pas moi qui plaiderai les circonstances atténuantes. Mais ce crime préexistait, de longue date, à son propre accomplissement. Il ne fut que l'application, à la fois prétorienne et révolutionnaire, du mensonge que l'on accréditait, depuis trente-six ans, dans la bourgeoisie et dans le peuple; le pacte visible et coupable du césarisme et de la démocratie; la preuve, inévitable et fatale, mais péremptoire, que la République est impossible en France. Ce n'est pas en octobre 1851, après les premières libations de Satory et les premières indiscrétions du

Constitutionnel; c'est en mars 1848, après les premières émeutes, que M. Thiers aurait pu dire : « L'Empire est fait ! » Nous l'avions vu faire, jour par jour, dans la dissolution de tout ce qui peut réconcilier l'autorité et la liberté, dans la prépondérance de tout ce qui peut faire de la populace l'instrument de la force brutale. Dès cette époque, les politiques, les lettrés, les hommes de talent et d'esprit, qui avaient abusé de la légende impériale pour battre en brèche la royauté bienfaisante et séculaire, furent punis par où ils avaient péché. Ceux qui venaient de les renverser ne devaient pas tarder à être enveloppés dans la même expiation. Le mensonge, le désastreux mensonge, continué de 1814 à 1851, devait faire autant de victimes qu'il avait eu de complices.

Maintenant, la mort de Baudin, son monument, le guet-apens nocturne, l'arrestation des généraux en chemise, la liberté étouffée dans le sang du peuple, simple épilogue d'un drame tout fait ; mise en scène à l'usage des moutons ou des hyènes de Panurge ; colères rétrospectives qui avaient attendu dix-huit ans. Le jour où la démagogie parisienne, menée en laisse par un vieux comédien et un vieux vaudevilliste, se préférant à la liberté véritable, se moquant de la légalité, précipita dans de nouvelles aventures la France qui n'en voulait pas, elle couronna le César de contrebande, qui ne l'a pas payée d'ingratitude. Après avoir été, pendant près de vingt ans, son chargé d'affaires, il l'a faite, le 4 septembre, sa légataire universelle.

Soyons justes pour tout le monde, même pour l'auteur de tant de calamités. Si les députés républicains, enfermés à Mazas, avaient reproché à Louis Bonaparte d'avoir tué la République, il était en droit de leur répondre ce que Vergniaud disait à Barnave au sujet de la royauté : « Vous nous aviez donné un cadavre; nous nous sommes bornés à l'enterrer. »

Mais, cette fois, le cycle était parcouru, la coupe était pleine. Le mensonge napoléonien, dans ses rapports avec la liberté, avec la dignité, avec le repos, avec l'honneur de la France, avait rendu, en fait de déceptions et de malheurs, tout ce qu'il pouvait rendre. Pour que la démonstration fût sans réplique et sans appel, Dieu a permis quelque chose d'inouï, de prodigieux, d'incroyable, un phénomène de sauvagerie enragée, qui place le point d'arrivée à l'extrémité contraire du point de départ. La démagogie, tour à tour alliée, dupe, héritière, complice du césarisme, se sépare de lui comme se séparent des bandits qui ne peuvent plus s'entendre sur le partage et l'emploi de leur butin; avec coups, insultes et blessures. Ce que la civilisation, même la plus hostile au militarisme bonapartiste n'aurait pas osé faire, la Commune l'a fait sans hésiter, avec approbation et privilége de ses hommes d'État et de ses journalistes, avec un inexprimable mélange de furie et de logique. Ce qui avait été si amèrement reproché à la Restauration, — que dis-je! à quelques *ultras* désavoués par elle, — une corde attachée à la statue du *grand homme*, nous fait aujourd'hui l'effet d'un compliment de bonne année, en comparaison de cet acte de vandalisme qui eût effrayé Genséric et Attila.

Le mensonge est fini, la vérité commence

Désormais la royauté n'a plus rien à démêler avec cette odieuse fiction de libéralisme bonapartiste, avec ce misérable fantôme de conquête et de gloire, qui a servi de prétexte à tant de sarcasmes meurtriers, à tant de perfides attaques. La conquête ! c'est un Bonaparte qui s'est encore une fois chargé de la changer en démembrement. La gloire ! c'est l'héritier de Napoléon qui l'a traduite en ignominie. La liberté ! c'est la fraction la plus *avancée* — oh ! très-avancée, et même très-pourrie ! — du parti révolutionnaire, qui vient de déclarer la rupture en profanant ces *parvis sacrés*, en renversant cette colonne qui parlait à l'Europe entière de nos ruineuses et stériles victoires. L'honneur national ! le patriotisme ! nous sommes bien forcés de les chercher ailleurs, du moment que les chefs de la Commune ont accompli leur œuvre de destruction et de honte sous l'œil des Prussiens, dont les canons avaient fourni leur tribut à cette refonte triomphale ; du moment que les Parisiens, jadis si susceptibles et si fiers, aujourd'hui hébétés, ahuris, énervés, blasés, gangrénés, stupides, assistent à l'opération comme à une pièce nouvelle, et se dédommagent de la fermeture des théâtres par les émouvantes péripéties du cabestan et du moulinet.

Carnet d'un Parisien pur-sang. — « Mardi, 16 mai 1871. — Divertissement de la journée : chute de la colonne Vendôme. » — En note : « Encore plus curieux qu'une *première* de Dumas fils. »

Oui, la table est rase, la place est nette. Éprise du néant dont elle a fait son dieu, son élément et son but, la démagogie, gorgée de vin et de crime, n'a voulu laisser à personne le soin d'achever son travail d'anéantissement qui en prépare un autre, diamétralement contraire. Dorénavant, plus une seule de ces images importunes dont l'ombre jalouse s'étendait sur les premiers soleils de la Restauration. La monarchie de saint Louis et de Philippe-Auguste, de Henri IV et de Louis XIV, n'aura pas à s'inquiéter de savoir si les boulevards et les rues qu'elle traverse évoquent à ses dépens les victoires de la Révolution, du Consulat et de l'Empire. Ces boulevards et ces rues — dernier mot de la Révolution — se seront appelés Mégy, Assi, Miot, Pyat, Raoul Rigault, Jourde, Paschal Grousset, Billioray, Eudes; ils se seront nommés boulevards ou rues du 31 octobre, du 18 mars, de la Commune, du Comité de Salut public, de l'Athéisme, du Pillage, de l'Assassinat. Au lieu d'avoir à se défendre contre des réminiscences dangereuses et des simulacres de gloire, la royauté n'aura plus qu'à laver des taches de sang et à balayer des tas de boue.

21 mai 1871.

X

SOMMATIONS RESPECTUEUSES

A L ASSEMBLÉE NATIONALE

I

Messieurs les Députés,

Il y a bientôt quatre mois, quand vous avez demandé ou accepté nos suffrages, vous ne pouviez vous dissimuler que la situation était grave. Dans votre pensée comme dans la nôtre, vos attributions devaient grandir à mesure que les événements exigeraient plus d'énergie, de résolution et d'initiative. Une guerre impossible à continuer, une paix écrasante à conclure, Paris à sauver de l'anarchie et de la faim, le fléau de l'occupation étrangère à conjurer au moyen de patriotiques sacrifices, l'ordre à rétablir en France, la religion à protéger contre d'incessants outrages, la prépondérance à déplacer dans les villes où une minorité détestable s'était adjugé la dictature, l'effrayant progrès de la dissolution morale à arrêter dans les masses populaires, la propagande communiste à combattre, les orgies démagogiques à réprimer, le scandale de certaines impunités à faire cesser, le scandale non moindre de fortunes prélevées sur le pain et l'équipement de nos troupes à châtier avec éclat, un immense travail de réparation à dédier aux honnêtes gens ; quelle mission grandiose et terrible ! quel lourd fardeau pour des épaules parlementaires ! mais aussi, malgré notre humiliation et notre deuil, quel honneur en cas de succès !

Maintenant, voyons !

Par un singulier hasard, nous comptons dans nos rangs rustiques un ex-membre de l'ex-société des ex-gens de lettres de l'ex-Paris. Il nous a parlé du procédé favori d'un nommé Eugène Scribe, dans des pièces qui eurent jadis beaucoup de vogue. Nous allons le copier.

Supposons, comme lui, un capitaine de vaisseau ou un contre-amiral — le grade n'y fait rien — quittant Paris le 16 septembre 1870, pour aller s'embarquer au Havre et entreprendre un voyage de long cours. Il dit adieu à la France dans des circonstances bien douloureuses. Pourtant, rien n'est encore désespéré. La troisième république, de date toute récente, a promis de réparer les fautes du second empire et de nous dédommager des désastres accumulés par son ineptie. Le plus éloquent des membres du nouveau gouvernement a prononcé ces paroles qui immortalisent un homme s'il les justifie, et le tuent s'il les dément: « Pas une pierre de nos forteresses ; pas un pouce de notre territoire! » Les Prussiens s'avancent vers Paris ; mais la ville héroïque, la cité modèle, la capitale par excellence, est si admirablement préparée à la défense, si fraternellement unie par le danger commun, que l'issue n'est pas douteuse. Guillaume et Bismark vont trouver là le châtiment de leur orgueil et de leurs excès. En province, l'élan est magnifique, depuis que, délivré de l'odieux joug de l'Empire, on commence à y goûter les douceurs de l'ère républicaine ; de toutes parts se forment des armées de secours, animées des plus beaux feux de 1792, et qui, en un moment donné, se joignant à la gigantesque garnison de Paris, doivent faire un tel hachis de Prussiens, qu'il n'en restera pas un pour repasser la frontière.

Encore une fois, ce ne sont pas là des certitudes, mais des espérances ; espérances accréditées et ravivées chaque matin par les organes du gouvernement, qui s'est dit provisoire pour n'effaroucher personne. Il est bien entendu qu'en répétant ces promesses, en y mettant même ce grain d'exagération et d'emphase familier aux avocats, ce gouvernement s'engage, ou à réaliser de point en point son programme, ou à succomber au premier mécompte.

Mon officier de marine n'est pas un politique ; il n'a pas beaucoup de mémoire; il ne se souvient que de quelques-uns des noms mis en relief par la balsamique révolution du 4 septembre : Ernest

Picard, Jules Favre, Jules Ferry, Jules Simon; plus de César, mais beaucoup de Jules!

Le voilà parti; le voilà au bout du monde; mais tout finit, même les voyages d'exploration lointaine. Il revient, il débarque au Havre, le 27 mai 1871, sans avoir reçu la moindre nouvelle; aussitôt il demande au premier passant qu'il rencontre :

— Qui est notre ministre des affaires étrangères?

— M. Jules Favre...

— Bon! Et notre ministre de l'intérieur?

— M. Ernest Picard.

— Très-bien! Et notre ministre de l'instruction publique?

— M. Jules Simon.

— Excellent!... Et le préfet de Paris?

— M. Jules Ferry.

— Exquis! Je n'ai plus besoin de vous demander si nous sommes toujours en République?

— Toujours.

Mon capitaine de vaisseau (escadre Scribe) se frotte patriotiquement les mains, et s'écrie :

— Toujours en République ! Donc, la République a tenu ses promesses, et réparé, au dedans et au dehors, le mal que nous avait fait l'Empire. Jules Favre toujours au pinacle ! Donc, nous n'avons perdu ni une pierre de nos forteresses, ni un pouce de notre territoire. MM. Picard, Simon, Ferry, toujours au pouvoir ! Donc, rien n'a manqué à notre revanche ou du moins à notre délivrance. Plus un seul ennemi sur le sol français. Le siége de Paris se terminant par la retraite et peut-être par la débâcle de l'armée prussienne... Les Parisiens, plus héroïques que jamais, replacés à la tête de la civilisation moderne... La paix obtenue ou imposée à des conditions excellentes... Le pays régénéré... reprise des affaires... la République nous restituant tout ce que le césarisme nous avait fait perdre... Allons, il n'y a pas à dire,... montons au Capitole, et vive la République !

— Hélas ! hélas ! lui dirait le passant, que nous sommes loin de compte ! Quand vous êtes parti, il n'y avait que huit départements envahis... trois mois plus tard, il y en avait trente-deux... Le tiers de la France est en ruines... Le reste, subissant le contre-coup de la guerre et de la défaite, travaillé par l'*Internationale*, gangrené de démagogie, n'a plus de quoi suffire à ses propres besoins. La défense de Paris n'a servi qu'à prolonger l'agonie des provinces, à aggraver les conditions de la paix... L'héroïsme de nos troupes improvisées, paralysées par une dictature insensée, des fournitures dérisoires, des chefs absurdes, glacées de froid, mourant de faim, n'a pu aboutir qu'à de nouveaux désastres... Paris a capitulé *in extremis*, sans avoir été secouru, après avoir mangé du cheval, de l'âne, des chats, des rats et des chiens. Ce n'est pas un pouce de notre territoire, une pierre de nos forteresses, que nous abandonnons à l'ennemi : ce sont deux de nos plus belles provinces, et une trentaine de nos places fortes... L'orgueil et la rapacité germaniques triomphent sur toute la ligne... Après cinq milliards follement dépensés, nous payons notre rançon cinq autres milliards.

— Assez ! assez ! C'est un cauchemar !

— Ah ! capitaine, je ne vous ai pas tout dit...

La suite est ce qu'il y a de plus horrible... Figurez-vous que M. Jules Favre a eu, malgré tout son esprit, la sottise de stipuler avec M. de Bismark, riant sous cape, que les armes et l'artillerie seraient laissées aux gardes nationaux, nourris et payés pendant le siége sans autre charge que de boire et de jouer au bézigue, sous prétexte de garder les remparts... Ces gens-là, encore tout chauds de l'émeute du 31 octobre, endoctrinés par les journaux de Rochefort, de Pyat et de Delescluze, tour à tour renforcés par des repris de justice, par les assassins et les voleurs auxquels ils ont ouvert les portes des prisons, par les garibaldiens de tout pays et de toute provenance, à qui les préfets gambettistes se sont empressés de délivrer des passe-ports pour Paris, ces gens-là sont devenus les maîtres de la capitale du monde civilisé...

— Quelle honte! Mais j'espère bien que la répression ne s'est pas fait attendre?...

— Ils ont régné soixante-trois jours, séparant de nouveau Paris du reste de la France... que dis-je! le séparant si peu, que tous les républicains de nos provinces ont pu faire et exprimer des vœux pour leurs frères et amis de la Commune... Car c'est le nom qu'ils avaient pris, tout à la fois pour rappeler les *glorieux* souvenirs de 93 et pour avoir l'air de réclamer des franchises communales dont ils se souciaient comme du Grand Turc... Tant il y a qu'ils ont trôné deux grands mois, secrètement encouragés par les députés de Paris, fraternisant avec les Prussiens, multipliant les décrets, parodiant les grands hommes de la Terreur, exerçant une tyrannie qui aurait fait paraître débonnaires Caligula et Néron, emprisonnant avec des menaces de mort l'archevêque et l'élite du clergé, pillant les maisons particulières, démolissant les monuments, détruisant les œuvres d'art, profanant les églises, niant et blasphémant Dieu tout ensemble, s'appropriant les derniers débris de la fortune publique, commettant des actes de sauvagerie tels que vous n'avez rien vu de comparable chez les plus sauvages peuplades que vous ayez visitées...

— Je le crois bien!... Horrible! horrible!... Et maintenant?...

— Maintenant, Paris est en feu. L'incendie allumé par ces monstres exerce ses ravages sur des centaines de points différents. Les Tuileries, l'hôtel de ville, le palais de Justice, sont en cendres... Le Luxembourg, le Palais-Royal, le ministère des finances, presque tous les hôtels du quai d'Orsay, sont entamés ou dégradés par les flammes... Du Louvre, on n'aura probablement sauvé que la colonnade... Le pétrole, entassé d'avance par ces incendiaires, alimente, attise et grossit sans cesse la fournaise démagogique. Les maisons, enduites de cette matière dévorante, se livrent d'elles-mêmes à un embrasement que toutes les eaux de la Seine et toutes les pompes de ce monde ne suffiraient pas à éteindre...

> ... Jam proximus ardet
> Ucalegon...

La ville de M. Haussmann n'a plus rien qui la distingue de ces cités maudites sur lesquelles éclatait la colère divine. Un immense nuage de fumée, saturé d'odeurs cadavériques, plane au-dessus de ses édifices et de ses dômes, comme un linceul tissé par les Furies et prêt à l'envelopper tout entière... Et ce qu'il y a de plus affreux, c'est qu'à l'heure où je vous parle, on apprend que ces démons, se voyant perdus, ont massacré les prisonniers que, dans leur vocabulaire de scélératesse et d'audace, ils appelaient des otages...

— Vous dites vrai, ceci dépasse tout; mais alors vous vous êtes moqué de moi, quand vous m'avez dit que les hommes qui n'avaient su ni faire aucun bien, ni empêcher aucun mal, étaient encore au pouvoir?

— Nullement, et en voici la preuve.

Et le passant présente à l'officier de marine un journal du 27 mai.

— Mille bâbords (vieux style)! vous aviez bien raison! J'ai vu, dans mes voyages, les Apaches, dont la suprême jouissance est de mettre dans leur potage la chevelure de leurs ennemis; les Osages, qui ont pour divinité un singe habillé en maître de danse de 1770; les Muscogulges, qui avalent une couverture de laine comme vous croquez des pralines; les Miscolonges, qui, pour manger une noix de coco, mettent le feu à une forêt de vingt kilomètres; les Bargites, qui forcent leurs prisonniers à danser trois heures de suite sur des charbons ardents; les Goraves, qui se servent de serpents à sonnettes pour appeler leurs domestiques; j'ai failli être dévoré par les derniers anthropophages... Les Parisiens rendent des points à ces tribus de sauvages; et cependant il me semble moins extraordinaire de voir le rebut de toutes les nations, des échappés de la prison et du bagne, des fruits secs du journalisme et du barreau, des vagabonds, des affamés, des déclassés, des bandits, des suppôts de mauvais lieux et de *tapis francs,* piller les maisons, détruire les monuments et assassiner les prêtres, que de retrouver au pouvoir, après cette incroyable série de calamités, d'ignominies, de fautes et de crimes, les mêmes hommes que j'y avais laissés au temps des promesses et des espérances!...

Nous avons voulu, messieurs les députés, à l'aide de cette fiction un peu longue, vous faire comprendre quelle est notre stupeur, à nous autres, bonnes gens, naïfs conducteurs de charrues, quand nous voyons le *statu quo* politique, la machine et les étiquettes du gouvernement résister à une suite de malheurs et de leçons, dont la moindre aurait de quoi tuer deux dynasties, quatre républiques et cinquante ministères... Qu'attendez-vous? Que l'épreuve soit faite? Ah! nous la connaissons, celle-là, et nous la trouvons mauvaise, comme on dit à l'Académie. En 1849, les parlementaires répliquaient aux impatients : « Attendez! vous êtes trop pressés, l'épreuve n'est pas faite, la poire n'est pas mûre! » — Nous prîmes patience; il y a de cela vingt-deux ans... On sait ce que cette patience nous a coûté... La poire était si bien mûre, qu'elle s'est laissé choir entre les avides mains d'une dictature de contrebande, qui n'en fut pas, pour cela, plus frugale, et qui, après nous avoir trompés, escamotés, grugés, aveuglés, démoralisés, exploités, ruinés, a fini par nous livrer aux Prussiens... Mais enfin, en 1849, on pouvait encore s'y méprendre. La situation, bien qu'alarmante, n'était pas effroyable. L'ordre rétabli, la parole rendue aux conservateurs, la France intacte, la paix au dehors, les finances ébranlées, mais pleines de ressources, la République attentive à laver les taches de sang des journées de juin, les clubs fermés, la presse démagogique rentrée dans de justes limites, les impôts amoindris plutôt qu'aggravés;... il résultait de cet ensemble que les illusions étaient imprudentes, mais non pas insensées. Et cependant les événements ont prouvé que l'épreuve était faite, et, pour nous être laissé dire le contraire, nous avons subi vingt ans de césarisme, prélude d'une abominable guerre et d'une hideuse anarchie.

Aujourd'hui, que manque-t-il, à votre avis, pour que l'épreuve soit complète? Que vous faut-il de plus? des cadavres? la France ne sera bientôt plus qu'un cimetière, et Paris qu'une nécropole. Des Prussiens? ils s'attachent par milliers au pays conquis, comme des vautours à leur proie. Des crimes? on ne les compte plus; et les scélérats de profession sont dépassés par ces hommes exécrables qui déguisent sous des noms sonores la politique du bagne. Des incendies? d'un bout de la France à 'autre, on croit entendre les crépitations de la flamme, le craquement sinistre des édifices qui s'effondrent dans des tourbillons de fumée. Trouvez-vous qu'il n'y ait pas encore assez de maisons pillées, d'églises profanées, de caisses vidées, de sang répandu, de prêtres incarcérés? Vous semble-t-il que les grandes villes de province offrent encore trop de garanties et de barrières contre le désordre, le pillage et l'assassinat? Vous plaît-il d'attendre que la démagogie marseillaise ait détruit les ports, que les communards de Lyon, de Toulouse et de Saint-Étienne aient mis le feu aux cités veuves des citoyens Challemel-Lacour, Duportal et Bertholon; que le spectre de la faillite vienne s'asseoir au chevet de tous les négociants, de tous les industriels, de tous les capitalistes de notre malheureuse patrie? Prenez garde! quand nous vous paraîtrons assez malheureux pour que l'épreuve vous semble faite, c'est que nous le serons trop pour en profiter; quand vous déclarerez que la coupe est pleine, c'est qu'elle sera brisée!

Mais en voilà, messieurs les députés, bien assez

long pour aujourd'hui. On est bavard au village, surtout le dimanche. Nous réserverons donc pour une autre fois la question de personnes et le choix d'une forme de gouvernement. On assure que vous comptez dans vos rangs un certain nombre d'académiciens, à commencer par le chef du pouvoir exécutif et le ministre des affaires étrangères. Nous qui ne savons un peu de français que par notre maître d'école, nous leur demanderons si, dans le fameux dictionnaire, PROVISOIRE est synonyme de DÉFINITIF. Vous devez aussi ne pas manquer de politiques. A ceux-là nous prendrons la liberté de demander : 1° s'ils croient qu'on puisse fonder une république sans républicains; 2° si les choses n'ont pas, hélas! tourné de façon à rendre impossibles les républicains modérés, et abominables les républicains *rouges;* 3° s'ils comptent par hasard sur nous pour former après coup ce parti républicain qui ne peut emprunter un semblant de vie qu'aux hommes monarchiques. En échange, nous vous dirons ceci : Depuis quatre mois, la France offre le spectacle inouï d'une république ayant librement élu des députés royalistes ou conservateurs, et gouvernée en détail comme si rien n'était changé au régime du 4 septembre. Eh bien, si en face des ruines fumantes de Paris, des périls imminents de la France entière, des symptômes de destruction universelle, ces députés, au lieu de couper court à ce désaccord, le laissent s'envenimer, ils auront manqué la plus belle occasion qui se soit jamais offerte à d'honnêtes gens d'honorer leur mandat en sauvant leur pays.

II

Ce n'est pas à nous, humbles conseillers de village, qu'il appartient de vous faire la leçon. Veuillez pourtant considérer ce qui se passe. Parmi les républicains de la veille, les hommes du 4 septembre et leurs créatures, les organisateurs de l'anarchie provinciale et parisienne qui nous a coûté si cher, les partisans de la guerre à outrance qui furent en réalité les véritables alliés des

Prussiens, les garibaldiens acharnés contre les couvents et les églises, les défenseurs de cette atroce maxime que le dogme républicain est supérieur au salut de la France, parmi tous ceux-là, et d'autres encore, y a-t-il un seul homme de bonne foi qui ose dire : « L'incendie de Paris, les scènes de scélératesse et d'horreur, l'irréparable ruine de la capitale du monde civilisé, les crimes abominables des bandits de la Commune, ne sont pas seulement l'exagération fatale de ce que j'ai voulu, pensé, crié, désiré, écrit, rêvé ou accompli depuis neuf mois; ils en sont la contradiction absolue ? »

Et, d'autre part, dans les rangs de la majorité conservatrice qui vous a nommés, et dont les angoisses devraient vous émouvoir, croyez-vous qu'il se rencontre un seul électeur qui vous dise : « J'ai supporté un an de misère; j'ai subi ou redouté l'occupation allemande; j'ai donné tous mes fils à la défense nationale; je consacre d'avance toutes mes pauvres économies — et quelque chose de plus — aux impôts qui vont être triplés pour payer les frais de la guerre; j'ai vu, dans ma ville ou dans mon village, le haut du pavé occupé par de mauvais drôles qui n'ont pas cessé d'insulter et de menacer les honnêtes gens; j'ai su, à n'en pouvoir douter, que nos désastres ont été affreusement aggravés par l'arrogance, la présomption, les folies et les dilapidations républicaines; c'est à peine si, le 8 février, d'odieuses dictatures locales m'ont permis d'exercer mon droit de suffrage; voici deux mois qu'apprenant les effroyables nouvelles de Paris, j'ai fait des vœux pour le triomphe du Gouvernement; j'ai des amis, des parents, des compatriotes dans l'armée de Versailles; chaque matin, nous tremblons, mes voisins et moi, en lisant ces bulletins funèbres qui semblent datés de Ninive, et qui nous disent combien d'héroïques victimes ont payé de leur sang cette lugubre victoire. Mais, du moins, à présent que la moitié de Paris est brûlée, que la Commune est vaincue, nous sommes contents d'apprendre que le premier résultat de cet événement mémorable est de consolider la République, de redoubler les insolentes bravades des journaux *rouges*, de permettre à

M. Jules Ferry une rentrée triomphale au milieu des décombres de l'hôtel de ville, et enfin de réinstaller les citoyens Tirard, Bonvalet, Mottu, Loiseau-Pinson, Breslay, Clémenceau et Lauth, dans leurs mairies respectives!!! »

Ce simple tableau synoptique en dit plus, messieurs les députés, que les plus beaux raisonnements. Vous avez de meilleurs yeux que les nôtres, puisque nous ne sommes que vos électeurs et que vous êtes nos élus. Loin de nous l'idée de confondre les auteurs inconscients du crime avec les criminels de préméditation, de profession et de parti pris ! Essayez pourtant de saisir à l'œil nu les différences qui séparent ou qui séparaient, il y a deux mois, les citoyens Clémenceau et Mottu, par exemple, des chefs de la Commune ou des incendiaires *pétroliens* que vous faites arrêter à la frontière ou fusiller sur les barricades ! Les nuances sont si imperceptibles, qu'elles défieraient tous les microscopes de l'ingénieur Chevalier. Mais les sieurs Mottu et Clémenceau ne sont pas seuls au monde ; ils ont des parrains, des précurseurs, des promoteurs politiques, et c'est ici que nous nous trouvons bien près des hommes qui ont conspiré, pendant un quart de siècle, au profit de la Révolution contre le principe d'autorité. Ces hommes-là, où sont-ils ? Hélas! demandez-nous plutôt où ils ne sont pas; nous les voyons partout, dans le gouvernement, dans les ministères, dans les préfectures, dans les rues; ils vocifèrent dans les clubs ; ils règlent bruyamment leur montre à l'horloge de 93; ils n'ont cessé de plaider les circonstances atténuantes en l'honneur de ceux qui assassinent l'archevêque et les curés de Paris comme ils assassinaient le 18 mars, les généraux Lecomte et Clément Thomas. Naguère encore, la larme à l'œil et le mouchoir rouge à la main, il prêchaient la conciliation, la transaction, l'*ex œquo,* entre l'Assemblée de Versailles et les *communards* de Paris : que dis-je! il n'en est pas un qui n'ait fait secrètement ou publiquement des vœux pour Paris contre Versailles, et qui les rétracte aujourd'hui d'une façon assez formelle pour qu'on puisse croire même à un quart de conversion.

Serrez de près l'interrogatoire des misérables qui sont enfin tombés entre vos mains, mais dont le succès éphémère déshonore à tout jamais Paris et la France. Tous vous répondront : « A qui en avez-vous ? En quoi suis-je plus coupable, moi, famélique, vagabond, *outlaw*, paria de la société, que maître F... ou maître P..., lesquels, ayant pignon sur rue et soixante mille livres de rente, ont constamment comploté avec moi la chute des gouvernements ? Où finit leur vertu ? où commence mon crime ? Je refuse de m'arrêter là où il leur conviendrait de faire halte ; voilà tout. Que suis-je, sinon l'instrument visible, l'exécuteur implacable, le dernier mot de leurs doctrines ? N'ont-ils pas appelé, fêté, acclamé Garibaldi ? Qu'ai-je fait, sinon mettre en pratique les appels furibonds du héros de l'Italie moderne contre les évêques et les prêtres ? Je viens de copier de très-près, de dépasser peut-être, les septembriseurs et les terroristes, mes ancêtres. Qui donc les a glorifiés, ces grands *justiciers* des Carmes et de la Conciergerie, sinon vos amis intimes, vos historiens favoris, vos écrivains populaires, à qui vous avez fait des succès de vingt éditions ? C'est pourquoi, puisque les Jules Favre, les Picard, les Ferry, sont les plus forts, qu'ils me fassent fusiller sans phrases ! Les phrases ont fait leur fortune; elles leur ont rapporté... tout ce qu'elles me coûtent; elles ne leur rapporteront pas de quoi se faire absoudre par la logique, l'humanité et le bon sens ! »

Ils ont raison à leur manière, ces incendiaires et ces assassins. Le flambeau du progrès, le lampion de la liberté, la torche révolutionnaire, le feu couvant sous la cendre, les brandons de discorde, le cratère du volcan, toutes ces métaphores d'Académie se sont résumées dans le pétrole démocratique.

Les hommes du 4 septembre, encore cramponnés au pouvoir, peuvent incarcérer Rochefort; ils ne peuvent pas faire que Rochefort n'ait pas été le précurseur de leur victoire, le collègue de leurs jours de dictature, le collaborateur de leur œuvre fatale de désorganisation et de désordre sous le feu de l'ennemi. Sans les *gredins* qui faillirent changer en révolution les obsèques de Victor Noir, sans les Démosthène, les Mirabeau et les Danton de Belleville, le 4 septembre n'était pas possible, ou il eût tourné autrement. Mais à quoi bon discuter l'évidence? Jusqu'au dernier moment, la *Ligue de l'Union républicaine* n'a-t-elle pas plaidé pour les *communards*, tenté d'ameuter contre Versailles et l'Asssemblée tous les républicains de province, déchaîné contre l'armée toute la presse révolutionnaire? N'eût-il pas suffi d'un revers ou d'une hésitation de nos troupes pour que la flamme communiste gagnât de proche en proche, incendiât nos grandes villes et fit de la France entière une immense fournaise? Non, non! que ces hommes funestes, qui veulent nous gouverner encore, se reconnaissent, sinon dans leurs actes, au moins dans les conséquences suprêmes de leurs actes. Si la défaite tardive de l'insurrection parisienne devait affermir ou prolonger leur règne, ce serait une immoralité profonde; car celui-là est complice d'un désastre qui n'a su ni le prévoir, ni le prévenir.

Mais excusez-nous, messieurs les députés; notre sujet nous entraîne; nous voulions aborder la question par des côtés moins irritants. Est-il vrai, comme l'assurent les mauvaises langues, qu'au milieu de ces ruines fumantes et de ces cadavres amoncelés, vous songiez encore ou qu'on songe pour vous à fonder la République? La première condition, pour fonder un gouvernement, est de lui donner ses appuis naturels : des royalistes à une monarchie, des républicains à une république. Des royalistes... oh! vous en trouveriez, nous osons vous en répondre; des royalistes dont le cœur, les sentiments, les idées, les traditions, en parfaite harmonie avec le principe monarchique, l'aideraient à accomplir son œuvre de salut : mais des républicains?... cherchons.

Il est convenu que les républicains se divisent en deux parties inégales; les républicains qu'on appelle, par habitude, honnêtes et modérés... et LES AUTRES.

Après cet incroyable *crescendo* de fautes, de malheurs et de crimes, drame infernal auquel l'incendie de Paris et le massacre des otages servent de dénoûment, peut-il exister encore des républicains honnêtes et modérés? Et, s'ils existent, peuvent-ils être de quelque secours au gouvernement qu'ils saluent comme la réalisation de leur rêve? Franchement, nous ne le croyons pas.

Tous ceux que n'auront pas corrigés ces preuves toujours nouvelles du caractère essentiellement dissolvant de l'idée républicaine, doivent être désormais relégués parmi les utopistes et les maniaques; or, les utopistes, dès qu'ils ne consentent plus à rester inapplicables, deviennent le fléau des sociétés, et il y a des manies plus innocentes que celles qui consistent à caresser sa chimère tout en perdant son pays. D'ailleurs, résister à l'évidence quand il s'agit d'intérêts aussi graves, de périls aussi imminents, de malheurs aussi affreux, c'est préférer son jugement ou son amour-propre personnel à la vérité générale. Cesser d'être sincère, c'est déjà cesser d'être honnête. S'obstiner à ce qui ne peut être maintenu que par des moyens violents, c'est s'abandonner à la loi fatale qui force la République de s'envenimer pour vivre, et, par conséquent, perdre tout droit à l'épithète de modéré.

Encore si ce funeste mensonge de république honnête avait eu cette fois un trimestre, un mois, une quinzaine de durée! Ce souvenir, si fragile qu'il fût, pourrait légitimer une illusion, justifier une espérance. Mais non : la République du 4 septembre a offert dès l'abord ce trait distinctif, que nous n'avons pas eu même cette lune de miel républicaine qui nous était apparue, en des temps meilleurs, douce et pure comme la poésie de Lamartine. Les rares grains de blé ont été immédiatement étouffés par l'ivraie démagogique.

Qui a nommé les Duportal, les Bertholon, les Esquiros et autres présages vivants des scélératesses de la Commune de Paris? qui a laissé flotter à Lyon, pendant six mois, le hideux drapeau rouge? qui a laissé impunis les meurtres de Perpignan, les crimes de Saint-Étienne, les sacriléges de Lyon, d'Autun et de Marseille? qui a disloqué la magistrature? qui a discrédité, anéanti la discipline militaire en emprisonnant les généraux et en les remplaçant par des avocats ou des apothicaires? qui a livré la police à des misérables tels que ce Raoul Rigault? Qui? MM. Gambetta, Glais-Bizoin, les triomphateurs de la première heure, les collègues de ces mêmes hommes qui, à présent, nous gouvernent encore. C'est un préfet de M. Gambetta, qui, dans un de nos départements du Midi, laissa partir pour Paris, lors de l'armistice, les garibaldiens qu'il avait pour mission de diriger sur la frontière. Ce qu'ils y ont fait, La Cécilia entre autres, vous le savez. *Ab uno disce omnes!*

Donc, à ceux qui vous abordent d'un air élégiaque, et vous disent en pleurnichant : « Ah! je suis plus malheureux, moi républicain, que vous, réactionnaire, de ces calamités inouïes, de ces attentats abominables... mais c'est égal, vive la République! » — vous avez le droit de répondre : « Eh bien, pour lors, mon bonhomme, votre rôle est fini. La retraite, en pareil cas, est la meilleure des pénitences. Allez vous enfermer chez vous; calfeutrez vos portes et vos fenêtres; abreuvez-vous de potions calmantes, et

11

tâchez de vous endormir. Nous irons vous réveiller, quand la monarchie dont vous avez si follement peur aura réparé le mal que vous avez fait ou laissé faire!... »

Quant aux républicains rouges, les seuls, hélas! qui soient conséquents, les seuls qui surnagent dans nos malheureuses provinces, nous ne leur ferons pas l'honneur de les discuter. Ce n'est probablement pas sur eux que comptent MM. Thiers et Picard pour fonder une République viable.

En d'autres termes, et pour adopter une classification plus significative encore et plus actuelle, nous avons en ce moment les républicains qui gémissent de la défaite de la Commune, et les républicains qui sont ou qui se disent désespérés de ses excès. Ceux-là sont encore capables de tout, ceux-ci ne sont plus capables de rien, et tous ensemble sont aussi impossibles les uns que les autres. Encore une fois, est-ce avec ceux-ci ou avec ceux-là que MM. Picard et Thiers prétendraient consolider leur gouvernement?

— Mais, nous diront-ils, qu'à cela ne tienne!

Nous savions, de longue date, que la République n'est praticable en France qu'à la condition d'éconduire tous les républicains. C'est à vous, maintenant, conservateurs monarchiques, que nous demandons un concours efficace; c'est vous qui, à l'aide de beaucoup d'abnégation et de patriotisme, allez enfin installer avec nous la vraie République.

—Oui-da! ce serait bien commode! Nous aurions souffert, pendant près d'un an, tout ce que d'honnêtes gens peuvent souffrir; nous aurions vu notre infortuné pays pillé, ravagé, incendié, écrasé, déchiré par nos ennemis du dedans non moins que par les Prussiens du dehors; et, quand il est bien prouvé que les révolutionnaires ne sont bons à rien qu'à compléter l'œuvre destructive de l'invasion étrangère, alors c'est à nous que l'on aurait recours pour continuer leur commerce sans rien changer à leur devanture, pour apostiller de nos signatures royalistes leur pourvoi républicain!

Non! non! nous ne le voulons pas, nous ne le devons pas, nous ne le pouvons pas!

Nous ne le voulons pas; car nous ne sommes pas des saints, et, si nous étions des saints, nous tâcherions de mieux employer nos perfections chrétiennes.

Nous ne le devons pas; car nos devoirs sont d'une autre nature et d'un autre ordre. Profondément convaincus qu'il ne reste plus à la France qu'un seul moyen de salut, nous serions bien inconséquents si nous renoncions à ce qui peut nous sauver pour nous attacher à ce qui nous perd. Disposés d'avance à tous les sacrifices, nous serions bien coupables s'il nous arrivait de trahir ce qui peut les féconder, au profit de ce qui les rendrait inutiles.

Nous ne le pouvons pas; car un parti politique n'est pas un vêtement que l'on quitte et que l'on reprend à son gré; on ne s'en détache pas comme d'une habitude de cigare et de café. Il se compose de traditions qu'il faudrait rompre, de sentiments qu'il faudrait profaner, d'amitiés qu'il faudrait repousser, de liens qu'il faudrait briser, d'antécédents qu'il faudrait renier. C'est une religion qu'on ne saurait abandonner sans apostasie, une partie de notre être que nous ne pourrions supprimer sans mutiler notre conscience et notre âme....

..... Quel père
Je quitterais! et pour...
— Eh bien?
— Pour quelle mère!...

Mais que disons-nous? Pour que l'on pût, sans folie, nous demander cet inexplicable sacrifice, nous aurions au moins le droit de réclamer quelques réparations, quelques satisfactions, non pas personnelles, mais collectives, quelques revanches accordées à la conscience, à la pudeur publiques. Où sont-elles? Dans presque toutes nos localités règnent les mêmes influences. Ce sont ces influences qui ont fait les élections du 30 avril, rouge reflet des premiers incendies de la Commune.

Ces municipalités écarlates et leurs dignes journaux n'ont pas un moment dissimulé leurs souhaits fraternels pour le succès des bandits qui viennent de s'abîmer dans la fumée et dans le sang. Pas une mesure n'est prise pour avoir raison de ces apologistes patentés du meurtre, de la destruction et du sacrilége. Aujourd'hui même, devant le squelette calciné des Tuileries et de l'hôtel de ville, devant les cadavres encore chauds des martyrs de la Roquette, la presse démagogique redouble, autour de nous, de fureur et d'audace... Et tenez, voulez-vous nous permettre de finir par une anecdote locale? Un de nos collègues, le père Jean Pacard, est allé ce matin pour tâcher de vendre ses cocons dans la ville voisine. Il y a perdu 2 *fr.* 50 *c. par kilog*. toujours grâce à la République ; mais ce n'est pas là la question. La première personne qu'il a vue, se pavanant sur un joli tilbury, attelé à un cheval de luxe, c'est un citoyen d'une assez triste célébrité, qui a eu des démêlés avec la justice et qui était notoirement insolvable avant de faire une fortune garibaldienne sur les ruines de la France. Rênes et fouet en mains, le monocle dans l'œil, élégant, superbe, hautain, sans vergogne, il bravait du haut de son véhicule les figures consternées par les dernières dépêches. De là, notre collègue, qui a le défaut de cultiver un peu trop le houblon et l'absinthe, est entré dans un café chantant. Il y a vu un *artiste* parodiant avec la *prima donna* de l'endroit le sacrement de la confession ; le tout accompagné de détails égrillards ou obscènes, qui faisaient pâmer de rire le suffrage universel.

Quand le misérable, descendu de l'estrade, est venu faire la quête, un seul consommateur — ils étaient trois cents — a eu le courage de lui refuser son obole en motivant son refus. Aussitôt il a été injurié, pris au collet et bousculé, non-seulement par le chanteur, non-seulement par ses voisins, mais par les agents de police ; et, encore quand le père Pacard, sorti de cette tanière, en a exprimé son étonnement, on lui a répondu : « Que voulez-vous ! les agents de police sont à la nomination du maire... » Concluez !

En conséquence, messieurs les députés, nous avons l'honneur de vous adresser de notre village, sous forme de sommations respectueuses, les demandes suivantes :

1° EN BLANC.

2° Tâcher de mettre un peu d'accord entre la situation officielle et l'indignation publique.

3° Faire en sorte que le martyre de l'archevêque de Paris, du curé de la Madeleine, des religieux et des prêtres, ne soit par perdu pour la France.

4° Rendre aussi prompte et aussi sérieuse que possible l'enquête sur la façon dont se sont faites certaines fortunes pendant que nos troupes mouraient de froid et de faim.

5° Dissoudre tout conseil municipal qui, par une démarche ostensible, aura manifesté une sympathie quelconque pour les gens que vous fusillez.

6° Mettre un frein à la fureur, non pas des flots, mais de la presse rouge, marée montante bien autrement dangereuse que celle de l'Océan.

7° Licencier toutes les gardes nationales du roy... de la République.

Moyennant quoi, et surtout en ayant soin de bien remplir le BLANC que nous avons laissé, vous réussirez peut-être à sauver, dans ce gigantesque naufrage, tout ce que la République achèverait de perdre.

Dans cette attente, messieurs les députés, nous avons l'honneur d'être vos très-humbles et pas très-contents électeurs et serviteurs.

Les conseillers municipaux de Grange-Neuve.

30 mai 1871.

XI

L'AGONIE DE L'ARMÉE DU RHIN

La mobilité du caractère français n'a été que trop bien secondée, depuis dix mois, par l'espèce de surenchère que les malheurs du lendemain ont sans cesse ajoutée aux malheurs de la veille. C'est ainsi que l'assassinat des otages et les incendies de Paris nous ont fait perdre de vue les vraies causes, j'allais dire les vrais coupables de l'insurrection communiste. Le second siége, soutenu par la Commune contre l'armée de Versailles ou plutôt contre la France et la civilisation tout entière, a été entremêlé de détails si atroces, d'épisodes si navrants, que les Prussiens ont cessé de servir d'objectif à nos rancunes et à nos haines. Peu s'en faut qu'en les comparant aux meurtriers et aux incendiaires, on ne les regarde comme les plus honnêtes gens du monde et les ennemis les plus inoffensifs qui se puissent imaginer.

En découvrant, après coup, à quel point on nous avait trompés pendant le premier siége, et quel horrible alliage gâtait déjà cette défense *héroïque*, nous avons senti se refroidir à la fois notre douloureuse sympathie pour les assiégés et notre admiration pour leur chef. Il nous était impossible de ne pas le plaindre d'avoir eu à se méfier d'une partie de sa garnison plus encore que de l'artillerie allemande; mais comment ne pas le blâmer d'avoir négligé des occasions qui s'offraient d'elles-mêmes, et d'avoir faibli devant les misérables qui cachaient leurs infâmes desseins sous un masque de patriotisme? Que de calamités ne nous eut-il pas épargnées, s'il eût profité, après le 31 octobre, des avantages que lui donnaient le flagrant délit, l'urgence du péril, l'intérêt de la défense, l'immense majorité des électeurs parisiens, si impuissante et si découragée cinq mois plus tard?

Les émotions de ce siége, exagérées par l'idée fixe que nous gardions encore de l'omnipotence parisienne dans le dénoûment de la guerre, effaçaient presque de notre souvenir, dès les premiers jours de la nouvelle année, cette capitulation de Metz qui nous avait d'abord paru marquer l'extrême limite de nos désastres, et qui n'était qu'une étape dans cette voie fatale, un anneau de cette chaîne écrasante, une gorgée de cette coupe d'amertume. Qu'est-ce que la perte de Metz auprès de la ruine de Paris et de la France?

Pourtant une discussion récente de l'Assemblée nationale, un discours du général Changarnier et quelques phrases de M. Thiers, plus explicites encore dans le sens apologétique, ont ramené un moment l'attention sur un événement que nous n'hésitons pas à considérer comme le plus funeste de tous ceux qui nous ont accablés avant le 18 mars; car la capitulation de Metz et la conduite équivoque du maréchal Bazaine ont eu pour effet, non-seulement de nous faire perdre une forteresse sans rivale et une admirable position stratégique, mais de fournir un prétexte à la dictature révolutionnaire pour crier à la trahison, au lieu de reconnaître sa propre ineptie. Elle en profita pour remplacer partout l'élément militaire par *l'élément civil*, légaliser l'indiscipline, faire d'un malheur public un sujet de récriminations venimeuses, en étendre le contre-coup dans les grandes villes et jusque dans Paris, et préparer par un enchaînement logique toute une série de catastrophes nouvelles qui ne s'arrêtent pas même aux fusillades de la place Vendôme et aux barricades de la rue de Rivoli.

Où est la vérité vraie, en ce qui concerne ce lugubre épisode ? Faut-il la chercher dans le rapport de M. de Valcour, décoré un peu trop tôt par M. Gambetta pour être pris au pied de la lettre, ou dans la brochure du père Marchal, républicain trop progressif pour ne pas être un peu suspect ?

Le digne général Changarnier, ce type de l'honneur militaire, n'a-t-il pas dû céder à deux sentiments également honorables : le désir de relever d'une déchéance irréparable un homme qui n'avait pu devenir son supérieur que par la grâce des coups d'État, des prétoriens et du césarisme; — et la légitime envie de réhabiliter l'armée du Rhin en la personne de ses généraux? M. Thiers, homme politique par pis aller, mais homme de guerre par vocation, n'a-t-il pas cru devoir prendre parti pour Bazaine, afin de réagir — trop tard — contre l'exploitation *scélérate* de la prétendue trahison des chefs militaires par les meneurs de la démagogie?

En pareil cas, on le sait, le vrai se rencontre presque toujours entre les deux extrêmes. Un heureux hasard vient de me mettre entre les mains un véritable chef-d'œuvre de modération, d'honnêteté et de franchise patriotique. C'est le journal manuscrit d'un officier du 3ᵉ corps de l'armée du Rhin. Ce manuscrit, qui n'est pas destiné à la publicité, a pour titre, *l'Agonie de l'armée du Rhin*, et pour épigraphe ce vers :

Exoriare aliquis nostris ex ossibus ultor !

Hélas! toujours hélas! les *vengeurs* de Paris, notamment le *vengeur* Félix Pyat, ont retardé de cent ans peut-être la vengeance nationale.

Ces pages font le plus grand honneur au savant et intrépide officier qui les a écrites. Je vais essayer d'en donner une idée sommaire, et la conclusion que j'en tirerai me ramènera à l'ensemble de vérités que je m'efforce de défendre, depuis le commencement de cette guerre.

L'auteur, après avoir divisé son travail en quatre parties : Concentration et marche à la frontière, — Retraite sous Metz, — Batailles sur la Moselle, — —Blocus et capitulation, — résume à grands traits les causes de nos défaites. Il n'en dissimule aucune; mais, contrairement au réquisitoire *démocratique* du *père* Marchal, il affirme, et je le crois, que nulle part les officiers n'ont donné l'exemple de ces excès gastronomiques et bachiques, qui, d'après l'étrange auteur du *Drame de Metz*, auraient si puissamment contribué à la démoralisation de l'armée. Il ajoute, et je le crois encore, que, malgré tous les dissolvants qui rendaient la victoire impossible, — vices de l'organisation militaire, prétorianisme, premiers ferments d'indiscipline, développement excessif du *comfort* et du bien-être, défaut d'enthousiasme, brusque passage du pied de paix au pied de guerre, — l'armée du Rhin n'en conservait pas moins le dépôt des vieilles traditions qui avaient élevé si haut la gloire de nos armes.

« Malgré tout, nous dit-il, quand la marche en avant commença, l'armée se regarda défiler, et eut confiance. Toute la France militaire n'était-elle pas là, pleine d'une ardeur croissante, avec ses individualités brillantes et reconnues, avec son prestige encore intact ? L'armement était excellent, et le fantassin appréciait de plus en plus son chassepot. La cavalerie était belle, ardente et bien montée, quoiqu'un peu inquiète peut-être du rôle inconnu qui allait lui échoir. »

Il eût suffi d'une victoire pour déguiser toutes ces plaies de détail, lesquelles, irritées par la défaite, amenèrent la destruction de tout le corps. Malheureusement, cette victoire, toujours espérée, souvent annoncée, n'arriva jamais.

Ce résumé, d'une justesse et d'une netteté remarquables, nous conduit au dérisoire succès du 2 août, à Sarrebrück. « Jusque-là, dit excellemment l'écrivain, on n'avait compris que peu de chose à la marche des événements ; à dater de ce moment, on n'y comprit plus rien du tout. Qu'allait-on faire, et où était l'ennemi ? L'empereur, qui était censé commander l'armée, ne le savait pas lui-même.

« ... Ce combat insignifiant avait dévoilé la force de résistance et la ténacité de l'ennemi. Il fut célébré par une dépêche officielle du plus mauvais effet. Chacun haussa les épaules à propos des vieux grognards qui pleuraient en admirant la bravoure de l'héritier présomptif. Il n'est pas bon, quand on va au-devant de la mort, d'avoir à se moquer de ceux qui vous conduisent ; il n'est pas sage de faire rire ceux qu'on y conduit... »

Rapprochez de ce passage si vrai ces lignes non moins vraies de George Sand, extraites de ce *Journal d'un Voyageur*, que j'ai déjà cité, que je citerai encore :

« Avec des ambitions ou des fantaisies de guerre, le dernier règne était si bien englué dans les douceurs de la vie, qu'il avait laissé *pourrir* l'armée.

Il n'avait plus d'armée, il ne s'en doutait pas. Le jour où, au milieu des généraux et des troupes de sa façon, Napoléon III vit son erreur, il fut pris de découragement, et ce ne fut pas le souverain, ce fut l'homme qui abdiqua. »

Je glisse rapidement sur le second et le troisième chapitre, qui tiennent de moins près à notre sujet, et où M. X... raconte avec une émotion de spectateur-acteur les alternatives d'espérances déçues, de contre-ordres inexplicables, de victoires incomplètes ou stériles, aboutissant au blocus. C'est ici que nous pouvons le mieux suivre, son manuscrit à la main, le système de mensonges quasi-officiels dont nous fûmes dupes pendant six semaines, et qui a été pour beaucoup dans les défaillances finales ; car des esprits vifs, légers et vaniteux comme les nôtres, une fois détrompés du succès factice auquel on a voulu les faire croire, ne s'arrêtent plus dans leur réaction contre le faux enthousiasme dont ils ont fait imprudemment l'avance. Chacun de leurs mécomptes ajoute à leur lassitude ou à leur colère, et il en résulte une décomposition morale qui les rend également incapables de ramener la fortune et de porter dignement l'adversité.

Vous n'avez pas oublié,— au temps où le traître, le lâche Bazaine était l'épique Bazaine, Bazaine le légendaire,— ces masses énormes d'approvisionnements de toute espèce, accumulées à Metz par une heureuse erreur du ministère de la guerre, au détriment des autres places fortes et des autres points stratégiques. On avait de quoi nourrir, un an et plus, hommes, chevaux, population et garnison. Si on ne servait pas chaque matin aux soldats un festin à trois services, c'était uniquement pour ne pas les amollir, et, si on évitait de gorger les chevaux de foin et d'avoine, c'est que l'excès de nourriture eût risqué de les rendre fourbus. Ce grenier d'abondance devait infailliblement devenir le tombeau des Prussiens. On les usait, on les émiettait jour par jour, tant et si bien que le dénoûment était facile à prévoir. Les assiégés prendraient d'assaut les assiégeants, et Metz se ferait apporter les clefs de Berlin sur un plat d'or.

En regard de ces noces de Gamache, préparées

par le maréchal Le Bœuf et cuisinées par les journaux à sensation avec approbation et privilége de S. M. Gambetta, placez les lignes suivantes qui ouvrent cette partie du récit de l'auteur anonyme :

« L'approvisionnement en denrées de toute sorte avait été totalement négligé... Dès le 22 août, la quotité des diverses rations avait été diminuée... Les distributions régulières de fourrage se faisaient si mal, ou, pour mieux dire, si peu, que les corps avaient pris le parti d'aller fourrager pour leur compte dans les fermes voisines...

» Nous nous bornerons à signaler ce fait que, dans les premiers jours du blocus, il fut distribué du BLÉ EN GERBES pour la nourriture des chevaux; dilapidation dont gémirent les soldats eux-mêmes.

» Les choses restèrent en l'état jusqu'au 8 septembre, jour où commença la distribution de la viande de cheval. Ainsi, après vingt jours de blocus, la viande fraîche manquait !... N'était-il pas cruel de penser que, pour ne pas mourir de faim, il faudrait dévorer tous les chevaux de l'armée, c'est-à-dire détruire nous-mêmes un des éléments indispensables de notre force ?

» Ces animaux eux-mêmes, il fallait, avant de les manger, les nourrir ; et comment ? difficile problème à la solution duquel fut employée l'imagination la plus féconde. Le fourrage vert manqua dès le début. Après avoir tondu le peu d'herbe qui restait autour de la place, nos pauvres chevaux dévorèrent toutes les feuilles des vignes, puis celles des peupliers qui bordaient les routes, et celles des chênes des bois voisins; ensuite ils passèrent aux betteraves, puis aux tourteaux de colza. Ils rongèrent les troncs des arbres aussi haut que leurs dents pouvaient atteindre; ils engloutirent leurs cordes, leurs licoux, leurs couvertures de laine, leurs portemanteaux en drap avec le paquetage intérieur ! »

Certes, après avoir lu cette page, et celles où l'auteur énumère avec un admirable accent de vérité cette suite désastreuse de fautes, de reculades, de discussions oiseuses, de privations, de souffrances morales et physiques, on est prêt à s'écrier avec le général Changarnier : « La faim, la misère, sous toutes ses formes, avaient préparé l'armée à un cruel dénoûment... et pourtant ce dénoûment eut sur cette noble armée l'effet foudroyant d'une catastrophe imprévue. »

Mais, si les plans stratégiques de Bazaine peuvent être seulement accusés d'incohérence et d'imprévoyance, voici où commence l'impardonnable; voici ce que les apologies les plus complaisantes ne réussiront pas à faire amnistier :

Que Bazaine eût refusé *in petto* de reconnaître la république du 4 septembre, c'était dans son droit de chef militaire, et la folie, la criminelle folie des hommes qui s'emparèrent du pouvoir fut de ne pas comprendre que généraux, officiers et soldats, éloignés du centre, pris au dépourvu par une révolution, désorientés par des nouvelles contradictoires, ne sachant plus au nom de qui ils devaient commander ou obéir, allaient perdre dans cette secousse leurs derniers restes d'enthousiasme et de force. Mais ce n'était pas une raison pour ajouter à tous ces éléments de découragement et de malaise des rumeurs absurdes et mensongères, destinées à couvrir une coupable intrigue où le maréchal devait finir — premier châtiment et première honte — par être dupe de Bismark et subir le désaveu de l'ex-impératrice. Écoutons l'auteur du manuscrit que j'ai sous les yeux :

« D'après les récits apportés par son négociateur (le général Boyer), l'anarchie la plus complète régnait en France. Les armes données aux populations, au lieu d'être tournées contre l'envahisseur, servaient d'instrument de pillage et de dévastation. Des hordes socialistes avaient brûlé le palais de Saint-Cloud. Rouen, le Havre avaient imploré des garnisons allemandes pour échapper à la Jacquerie... »

Douloureuse pensée ! les mensonges inventés en septembre et octobre par la fertile imagination de Bazaine et de son groupe, devaient être, en avril et en mai, dépassés par une partie de la population parisienne ! Ces fictions qui ressemblaient à un mauvais rêve, n'étaient qu'un anachronisme !... — Poursuivons :

« Tels sont les mensonges de source prussienne que le commandement propagea dans l'armée hors d'état d'en contrôler l'origine. Le maréchal pourra se laver de bien des reproches; il parviendra peut-être à établir l'impossibilité de poursuivre les succès de Borny et de Rezonville, la nécessité de se concentrer sous Metz, les obstacles insurmontables qui ont empêché sa jonction avec Mac-Mahon : jamais il ne pourra se faire pardonner la fourberie employée pour faire accepter par ses troupes un projet d'arrangement dont il était la dupe vulgaire... »

On le voit, même en rayant les détails de cette triste campagne où des succès partiels et des prodiges de valeur avortèrent, faute d'avoir donné au général en chef une de ces inspirations qui sauvent les armées et les peuples, reste l'inexcusable *imbroglio* dont la trame grossière, brodée tant bien que mal par M. de Bismark, n'aurait jamais dû tenter l'esprit délié du maréchal, quelles que fussent d'ailleurs ses affections politiques. Et cependant, comme le dénoûment était dès lors inévitable, comme les défenseurs de Metz étaient condamnés à la capitulation par la misère et par la faim, ce n'est pas sur Bazaine que doivent retomber les responsabilités les plus graves et les plus légitimes rancunes : c'est d'abord sur les hommes qui avaient si mal préparé l'approvisionnement d'une place forte, réputée imprenable, dont la résistance ou la chute devait avoir sur l'ensemble de la guerre une influence décisive ; c'est ensuite et surtout sur le dictateur vaniteux, le déclamateur impuissant qui, pendant toute la durée de son règne néfaste, a trouvé moyen de neutraliser par une exagération ridicule tout le bien qu'auraient pu produire nos velléités de victoire, et d'envenimer, par une interprétation irritante, tout le mal qui devait résulter de nos implacables défaites.

Le premier devoir de M. Gambetta, ne sachant rien ou presque rien de ce qui se passait à Metz, était de s'abstenir d'emphatiques forfanteries qui ne pouvaient que rendre la déception plus corrosive et plus cruelle. Le second, en apprenant cette catastrophe qui devenait dix fois plus funeste si l'honneur de nos généraux et de notre armée s'engloutissait avec nos dernières espérances, était, non pas de dissimuler, mais d'adoucir, d'assigner à la capitulation ses vraies causes, de ne pas chercher à son orgueil un refuge dans la prétendue trahison de ces hommes qui, même coupables, même inférieurs à leur tâche, valaient encore cent fois mieux que lui. La *capitulation scélérate*, la *trahison* de *l'infâme* Bazaine et de ses compagnons d'armes, servirent si rapidement de signal au déchaînement de la démagogie contre tout commandement et toute discipline militaire, qu'on eût dit qu'elle désirait ce nouveau désastre au lieu de le redouter. Ces déclamations furibondes, retentissant par dépêches dans toute la France, ont été le vrai prélude, la véritable préface de l'insurrection communiste.

Mais, pour vous dédommager de ma prose, laissez-moi vous citer encore George Sand : — « Ce qui est incompréhensible, c'est la brusque transition opérée dans le langage de ceux qui renseignent et veulent diriger l'opinion publique, et qui, d'une heure à l'autre, la font passer d'une confiance sans bornes à un mépris sans appel. Il y a quelques jours, des doutes s'étaient répandus; il nous fut enjoint de les repousser comme des manœuvres des ennemis de la République. Ce matin, le gouvernement en personne voue le TRAITRE à l'exécration de l'univers... La famine ne se fait pas tout d'un coup dans une place assiégée. On a pu la voir venir; hier, on la niait, et, au moment où Bazaine la déclare, on la nie encore.

» J'ai une peur affreuse (ô poëte ! ô prophète !) qu'il ne se passe, à Paris, quelque chose d'analogue, si Paris est forcé de capituler. Si la disette se fait, on la cachera le plus longtemps possible, et tout à coup il faudra bien avouer. Peut-être alors la population sera-t-elle exaspérée jusqu'à la haine ! La colère est injuste. J'ai peur que le système du gouvernement de Paris ne soit de cacher à la province ses défaillances, et que celui de la province ne soit de communiquer à Paris ses illusions...

» M. Gambetta a une manière vague et violente de dire les choses qui ne porte pas la persuasion dans les esprits équitables; il est verbeux et obscur, son enthousiasme a l'expression vulgaire ; c'est la *rengaine* emphatique dans toute sa platitude. N'avoir pas de talent, pas de feu, pas d'inspiration en de telles circonstances, c'est bien être au-dessous de son rôle. Est-il organisateur, comme on le dit ? qu'il agisse et qu'il se taise. Et si, pour mettre le comble à nos infortunes, il était incapable et de nous organiser et de nous éclairer ! (oh ! oui, oh ! oui!) Avec la reddition de Metz nous voilà sans armée ; avec un dictateur sans génie, nous voilà sans gouvernement... » (3 novembre 1870).

En résumé, le vrai coupable ou le plus coupable de la capitulation de Metz, ce fut M. Gambetta; et comme M. Gambetta a été le type *le mieux réussi*, le symbole vivant de la troisième République, c'est au 4 septembre que doivent être attribués les détails les plus poignants, les plus désastreuses conséquences de la capitulation de Metz.

Et le 4 septembre règne toujours !!!

3 juin 1871.

XII

EST-CE L'IGNORANCE?

Nous l'avons déjà dit, et on ne saurait assez le répéter : le parti qui nous a fait tant de mal ne se tient pas pour battu. Non content de ses provocations et de ses bravades, plus odieuses au moment où fument encore l'incendie des monuments et le sang des martyrs, il s'efforce, pour faire diversion à nos griefs, d'attribuer nos malheurs et ses crimes à des causes tout autres que les véritables. Le voilà ressuscitant ce vieux paradoxe d'après lequel l'ignorance populaire — soigneusement entretenue par le clergé — aurait tour à tour produit les désastres de nos armées et les attentats de la Commune.

Dans un livre tout récent, qui, pour m'arriver

jusque dans ma retraite, a dû traverser bien des ruines, MM. Erkmann-Chatrian, les romanciers *nationaux*, ont retracé les souffrances d'un sous-maître d'école persécuté par un curé. Le sujet n'est pas neuf, et l'à-propos me semble douteux. Dans une sorte d'épilogue, le sous-maître, héros de sa propre histoire, développe les idées des auteurs touchant l'enseignement primaire, et ces idées pourraient se résumer ainsi : « Débarrasser les maîtres de la surveillance des curés ; instruire le peuple avec des livres démocratiques, où il ne soit question ni d'histoire sainte, ni de catéchisme; moyennant quoi, plus de défaites, plus de crimes. Nous n'aurions plus que de bons soldats et d'honnêtes gens. »

Nous connaissions déjà ces méthodes prêchées sous l'Empire par les apôtres de l'enseignement athée, et dont on retrouverait les formules parmi ces institutrices archi-laïques appelées par les dictateurs de la Commune à remplacer les sœurs de Saint-Vincent-de-Paul. Par malheur, l'évidence plaide plus haut que les sophismes de ces faux patriotes, dont les romans, réfutés par nos expériences de 1870, m'ont toujours paru destinés à produire dans les masses un effet diamétralement contraire à leur but apparent, et particulièrement funeste à la bravoure de nos conscrits et au succès de nos armes.

L'insurrection communiste du 18 mars, savamment préparée par la littérature des Hugo, des Louis Blanc, des Proudhon, des Quinet, des Michelet, des Eugène Sue, des romans à quatre sous, des journaux à cinq centimes et des drames du boulevard, a un caractère quasi-littéraire. Des scélérats ou des forcenés, ivres de vin, de rage, d'orgueil satanique et de sauvages convoitises, appliquant dans toute leur rigueur et poussant jusqu'à l'extrême les fictions habituelles de leurs auteurs favoris, donnant un corps, un visage, une vie brutale et féroce à ces personnages que nous avions vus tour à tour fêtés par la société polie et copiés par les héros de cour d'assises, voilà l'histoire de cette insurrection abominable dont on peut dire ce que le duc de Broglie disait de la révolution de février : « Paris s'en relèvera peut-être; mais il ne s'en lavera jamais. »

Et, pour commencer, ce n'était pas un illettré ou un illetteré que

JULES VALLÈS

Vers 1865, M. de Villemessant, pour piquer au jeu la verve de son état-major et la curiosité de ses lecteurs, eut l'idée de faire rédiger, tous les quinze jours, un numéro entier du *Figaro* par un seul de ses écrivains. Dans cette espèce de concours ou de gageure, le *premier prix* fut unanimement adjugé à un numéro monstre, intitulé :

LES IRRÉGULIERS DE PARIS

qui retraçait, sous une forme assez originale, les misères de trois individus, à demi fous, à demi lettrés, tout à fait faméliques, pour lesquels l'auteur prenait naturellement parti contre la société des heureux et des riches. Ce récit, pétrolisé de communisme, obtint un certain succès que la police rendit plus bruyant encore en défendant la vente de ce numéro dans les kiosques et les gares.

Succès funeste qui n'eut pas de lendemain, et exacerba, chez Jules Vallès — car c'était lui — ce sentiment de vanité impuissante et enfiévrée qui l'a précipité jusqu'au crime! D'abord, il gâta son œuvre en la grossissant pour en faire un volume. Ensuite, M. de Villemessant, prenant un moment au sérieux ce jeune homme qui se croyait un génie de force à soulever des montagnes, lui proposa d'écrire dans *le Figaro* un article par jour, moyennant la modique somme de vingt mille francs par an.

Vallès en fut à la fois grisé et paralysé; la tête lui tourna, et la plume trembla dans ses mains. Ses premiers articles parurent; c'étaient généralement des répétitions, grossoyées et noircies, de ses *irréguliers*; écrites pour le trottoir, le bouge et la rue, sans aucun souci du boudoir et du salon. Dès la première semaine, les réclamations pleuvaient dru comme grêle. Vallès essaya de faire bonne contenance; mais il ne savait décidément qu'un air, et il était incapable d'en apprendre un autre. En pareil cas, un directeur de journal prend toujours parti pour ses abonnés qui menacent de le quitter contre son rédacteur qui s'obstine à le compromettre. M. de Villemessant *remercia* Jules Vallès; fit-il, pour s'en débarrasser, un sacrifice d'argent? C'est probable; mais la blessure d'amour-propre n'en fut que plus profonde, et, pour cette société qui refusait de l'applaudir et de le lire, Vallès, qui n'était qu'un *irrégulier*, devint un ennemi.

C'est à cette époque (avril 1866) qu'il crut devoir me faire une visite en m'apportant son volume. Eriphyle n'aurait pas dit, en le voyant, que *son aspect n'avait rien de farouche*. Habitué, depuis vingt ans, à toutes les variétés du genre bohème dans ses rapports avec la littérature et la politique, un regard me suffit pour comprendre que Vallès posait d'avance en *montagnard* de l'avenir. C'était un petit homme ramassé et trapu, sans élégance dans la taille et même, à vrai dire, sans taille. Des cheveux noirs, épais, mal plantés, descendaient sur un front bas, qu'on eût dit teinté de jus de réglisse. De gros sourcils en broussailles surmontaient des yeux dont l'expression, à la fois cruelle et sournoise, me serrait le cœur. A travers ses lèvres rouges, on apercevait des dents blanches, pointues, canines, prêtes à mordre. Sa bouche, largement fendue, avait un air d'ébauche et trahissait des appétits grossiers. Son teint, hâlé par les mauvaises passions, s'accordait avec la couleur fauve de ses yeux rayés de brun. Il y avait, dans cet ensemble, presque sinistre, du loup, du mulâtre et du réfractaire.

Je pus faire, à cette occasion, une remarque qui m'est revenue cent fois. Les hommes tels que Vallès ignorent les nuances entre la courtoisie et la bassesse ; quand ils se décident à être polis, ils sont serviles : Vallès, qui avait laissé son chapeau dans l'antichambre, y suppléait en me saluant jusqu'à terre. Ce qu'il y eut de plus singulier, c'est qu'il me parut attacher moins d'importance à obtenir un article sur son livre qu'à savoir... si je lui rendrais sa visite. Il m'indiqua, avec une précision scrupuleuse le jour, le lieu et l'heure où je pourrais le trouver.

Le dimanche suivant, *au sortir de la messe*, je pris mon courage à deux mains ou plutôt à deux jambes, et je dois avouer qu'il y avait, dans ma résolution courageuse, plus de curiosité que d'urbanité. Mon homme logeait ou nichait à l'extrémité du boulevard du Prince-Eugène, — hélas! bien près du cimetière du Père-Lachaise et de la prison de la Roquette. Non, je n'oublierai jamais cette course à travers un Paris inconnu, fantastique, déguenillé, livide, menaçant, grotesque, terrible. Une chasse aux perdrix rouges, sur les cimes de l'Estérel, serait moins fatigante. Toujours il me semblait que j'allais arriver, et je n'arrivais jamais. Cinquante mètres avant le numéro que m'avait désigné Vallès, ce n'étaient déjà plus des maisons, mais des baraques de saltimbanques, des fragments de ménageries, ayant pour façade de vastes toiles peintes qui représentaient des serpents boas, des monstres marins et des femmes géantes. La population n'était que trop bien assortie à ces limbes de la civilisation parisienne. Les personnages valaient le décor.

Enfin, je me trouvai devant une maison portant, si j'ai bonne mémoire, le n° 175 ; maison blanche, froide, dressée entre deux grands espaces vides, et dont les premiers locataires s'étaient évidemment chargés de *sécher les plâtres*. Sur l'indication d'une *concierge,* en cheveux gris et en haillons, capable de rendre des points à madame Pipelet, je grimpai jusqu'au cinquième étage, et m'accrochai à un semblant de sonnette, remplacé par un fil d'archal. Cinq minutes d'arrêt, pendant lesquelles j'entendis force chuchotements, bruits de portes ouvertes ou fermées, craquements de bottes sur le parquet, débâcle de vaisselle, comme au second acte du *Barbier;* après quoi, la porte fut *entre-bâillée* par une virago dont la camisole rouge et l'effroyable laideur faillirent me faire tomber à la renverse. Ou je me trompe fort, ou cet aimable échantillon de la plus belle moitié du genre humain a dû figurer au premier rang des *pétroleuses*.

— M. Jules Vallès ?

— Il n'y est pas, il n'est pas visible, me répondit cette femme d'une voix rauque, saturée d'alcool.

Je ne me le fis pas dire deux fois ; je donnai ma carte, et, dégringolant l'escalier, je me hâtai de sortir de ce repaire, qui me semblait plus lugubre qu'une caverne de brigands ou une hutte de sauvages. Il me tardait de revoir le soleil, d'aspirer une gorgée de bon air. La journée était magnifique : avril se parait d'avance de toutes les grâces de mai. Le contraste n'en était que plus douloureux entre l'azur de ce ciel coloré des rayons du soleil couchant, et le spectacle que m'offraient les boulevards extérieurs. A mesure que la soirée avançait, je voyais la foule envahir les guinguettes, les estaminets, les cafés chantants ; tous ces visages exprimaient un ignoble mélange d'avidité bestiale, de sensualisme brutal, de vague aspiration vers cette mystérieuse revanche que le communisme ne se lasse pas de promettre, sauf à la traduire en redoublement de misère. Le matérialisme régnait en maître sur cette multitude de déshérités, de naufragés, de vagabonds, d'habitués de la police correctionnelle, qui se consolaient des privations du corps en se persuadant qu'ils n'avaient pas d'âme, et se dédommageaient de la pauvreté par le vice. Du fond de ces innombrables réceptacles du plaisir populaire, m'arrivaient des éclats de trombone, des gémissements de clarinette, des lambeaux de chansons grivoises, dont les passants fredonnaient le refrain. Çà et là un juron, un coup de poing, un cri, un blasphème ; les femmes et les enfants, plus acharnés que les hommes à ces jouissances au bois de Campêche ; le dimanche du Paris démocratique et révolutionnaire, dans ces quartiers que les Parisiens des rues aristocratiques ne connaissent que par ouï-dire ; gaieté plus effrayante que la rage ; joies plus poignantes que la douleur ; défi hebdomadaire lancé par le prolétariat en liesse aux privilégiés de la naissance et de la fortune ; orgie colossale et furieuse, pimentée et affolée, où c'est Balthazar lui-même — le Balthazar populaire — qui se charge d'inscrire *Mane, Thecel, Pharès!* sur ses murailles tachées de vin bleu.

— Trois jours, me disais-je tout bas ; seulement trois jours sans gendarmes, sans sergents de ville, sans préfecture de police, et...

Ma pensée s'acheva dans un frisson prophétique.

Je devais me rencontrer encore une fois avec Jules Vallès; ce fut l'hiver suivant (janvier 1867), dans les bureaux du *Figaro*. Je préparais alors, avec mon excellent ami et collaborateur Frédéric Béchard, un roman intitulé, je crois, *les Corbeaux du Gévaudan;* Vallès en annonçait bruyamment un autre dont il n'a jamais existé que le titre. Je pris à part M. de Villemessant, et lui dis :

— C'est peut-être, pour Vallès, une question d'argent... d'arriéré... Si cela vous convient ainsi qu'à lui, faites passer son roman avant le nôtre.

— Ah! que vous êtes donc naïf! répliqua le spirituel directeur du *Figaro*. Son roman! il n'en a pas écrit, il n'en écrira pas une ligne; il n'avait que les *irréguliers* dans le ventre. C'est un cerveau vidé... Je connais à fond cette race particulière d'écrivains et d'artistes : ils ont eu un jour, une heure, un éclair... Après quoi, plus rien... le néant...et leur fièvre d'orgueil s'irrite à la fois de leur succès d'un moment et de leur impuissance présente.

— Mais, alors, que va-t-il faire?

— Un 93, ou quelque chose de pire, s'il en a l'occasion, le moyen et le courage... car, voyez-vous, c'est parmi ces fruits secs, ces citrons exprimés, que se recrutent les vrais terroristes à venir, et nullement parmi les pauvres diables qui s'éreintent de travail toute la semaine, se grisent le dimanche et le lundi, et lisent à grand'peine *le Petit Journal*. Ceux-ci sont les dupes; ceux-là sont les meneurs. Étudiez une à une toutes les classes DANGEREUSES dont les Christophe Moreau, les Parent-Duchâtelet, les Maxime Du Camp, vous ont donné l'alarmante statistique. Savez-vous qui est encore plus dangereux que tous ces *outlaws*? Le demi-lettré, le faux grand homme, l'artiste sifflé, l'auteur refusé, le *failli* dans toutes ses variétés, depuis l'homme d'affaires sans argent jusqu'à l'homme de plume sans talent. Pour les malheureux qui crèvent de faim, la République, le communisme, la *sociale* ne sont que des moyens d'avoir du pain. Pour les misérables qui crèvent d'orgueil, d'envie et de haine, la démagogie, l'anarchie, la terreur, la guillotine, sont des moyens de se venger du genre humain qui les dédaigne, et d'avoir leur jour, un jour où ils dînent mieux que M. de Rothschild, où ils sont mieux obéis que l'empereur, où ils font plus de bruit que Wagner, où ils ont plus de vogue que Sardou, où ils écrasent de leur dictature toutes les gloires de la France, où ils disent : « La société, c'est moi ! » et où ils ont chance d'incendier le Théâtre-Français, le Louvre et l'Académie !

Voilà la note juste. Loin de nous l'idée de réclamer pour le peuple, pour le pauvre, l'ignorance à perpétuité! Le plus simple grade dans l'armée, le plus humble emploi dans la société civile, exigent qu'ils sachent lire, écrire et compter. Rien de plus insensé d'ailleurs et de plus fatal, si vous persistez à maintenir le suffrage universel, que de donner au vote d'un homme incapable de signer son nom une valeur égale à celle du vote de M. de Laprade ou de M. Vitet. Prenez garde pourtant! si cette instruction populaire devait être complète, elle tiendrait trop de place dans la vie d'un artisan, d'un paysan, d'un ouvrier, pour ne pas lui prendre son temps et son pain. Si elle s'arrête — chose inévitable! — en deçà de ces limites où le savoir éclaire au lieu d'égarer, voilà un être dangereux pour les autres et pour lui-même. Trop ignorant pour se méfier de ce qu'il sait, trop savant pour se reposer dans ce qu'il ignore, il aura tout juste assez de lumière pour voir faux, sacrifier sans cesse la vérité à la chimère et se laisser abuser par ces docteurs de mensonge dont l'enseignement commence dans les chaires, les journaux et les livres, se continue dans les clubs et s'achève sur les barricades. Ceux-là, quand sonne l'heure de péril et de crise suprêmes, s'esquivent, à moins que leurs esclaves révoltés ne les retiennent par un bout de leur écharpe rouge, ou qu'on ne les surprenne la main dans le sac au pétrole. Déjà l'on voit poindre le chapitre des *résurrections*, et je m'attends, d'ici à peu, à apprendre que la plupart des chefs de la Commune, arrêtés et fusillés par les journaux pour ajouter à l'effet du drame, sont à Londres, à Genève ou à Rome. L'homme du peuple, lui, n'a pas la prudence et l'argent nécessaires pour s'enfuir. Il reste, il est fixé au sol que des mains plus coupables que la sienne ont couvert de cadavres et de décombres. On le saisit, les doigts noircis de poudre, l'œil injecté de sang, le front humide de sueur : il paye pour les habiles et les fuyards; il croise les bras, et il meurt.

Peut-on du moins espérer que ceux qui seraient tentés de l'imiter profiteront de cette leçon, toujours la même et toujours nouvelle ? Non, et nous en avons déjà la preuve, puisque les journaux, chers aux beaux esprits de cabaret et de village, *le Siècle* en tête, n'attendent pas même que les corps de nos saints martyrs soient refroidis pour recommencer une campagne contre les prêtres et recommander à leurs *ouailles* la lecture de Voltaire ; non, puisque nous rencontrons jusque dans nos communes rurales des gens qui ont reçu le mot d'ordre et qui s'apitoient, non pas sur le sort d'Holopherne si méchamment mis à mort par Judith, mais sur les innocentes victimes de l'armée de Versailles. Ils savent lire et compter : lire *le Siècle* ou *le Progrès*, et compter le chiffre de la fortune du voisin. Leur demi-science est le trait d'union entre l'aveuglement grossier des masses ignorantes et la perversité raffinée, l'astuce meurtrière des prédicateurs de désordre et de crime.

Ne dites donc pas que l'ignorance populaire est la vraie, l'unique cause des malheurs qui nous épouvantent, des incendies qui couvent encore sous les cendres de nos monuments, de nos palais et de nos maisons; elle n'arrive qu'en troisième ligne, après la demi-science prête à repousser toutes les vérités pour croire à tous les mensonges, et le demi-talent, aigri et gangrené par son orgueil déçu, ses ambitions trompées, ses déboires, ses fautes, ses hontes et ses vices. Rochefort, Vallès, Félix Pyat, Paschal Grousset, Courbet, Arthur Arnould, des journalistes, des romanciers, des auteurs dramatiques, des artistes, des fils de professeurs, resteront éternellement les types de cette insurrection communiste et terroriste qui n'en est encore peut-être qu'à son premier acte. Séparés, ces trois agents de ruine, le faux talent, la demi-science et l'ignorance, ne suffiraient pas à leur tâche; combinés, ils sont terribles. Dans cet ensemble de destruction et de crime, le premier donne l'idée, le second la propage et le troisième l'exécute.

7 juin 1871.

XIII

LES MORTS

Il y a quelques années, un de mes amis, revenant d'un voyage dans le nord de l'Europe, m'apporta une ballade danoise dont le souvenir m'obsède depuis nos premiers désastres. La voici, je cite de mémoire :

« — Baisse-toi, jeune homme !... à genoux !... plus bas encore !... Bien ; maintenant, colle ton oreille à cette terre fraîchement remuée... Qu'entends-tu ?...

» — J'entends comme un sourd gémissement... on dirait le murmure lointain d'un vent d'orage à travers l'épaisse feuillée... ou l'éternel soupir de la vague qui vient se briser contre les récifs... ou bien le cri de détresse de myriades d'oiseaux de mer poursuivis par le vautour et l'orfraie... ou bien encore le sifflement de la tempête le long des galeries d'un cloître désert...

» — Non, jeune homme ! Ce que tu entends, c'est la plainte des morts ; — des morts de nos grandes guerres, enterrés à fleur de sol et recouverts de cette herbe funèbre. Si cette plainte insaisissable pouvait devenir une langue ; si cette langue articulait des paroles intelligibles ; si ces paroles sortaient de dessous terre et circulaient parmi les vivants, une immense pitié s'emparerait de nos âmes. Jamais, non jamais, ni l'ambition des conquérants, ni l'orgueil des souverains, ni l'antipathie des races, ni les rivalités nationales, ne parviendraient à renouveler ces luttes barbares. Les peuples diraient aux chefs d'armée et aux chefs d'empire : « Pourquoi » forcer à s'égorger ceux qui ne veulent pas se » haïr? Videz entre vous vos querelles ; laissez-nous » les fleurs de nos prairies, les clochettes de nos » troupeaux, le sourire de nos fiancées et la fumée » de nos cabanes. »

Tandis que je me récite à moi-même cette mélancolique ballade, je vois passer, comme dans un mauvais rêve, sur un immense espace, parsemé de ruines, peuplé de croix de bois noir, éclairé d'un sinistre reflet d'incendie, les figures jeunes ou vénérables, souriantes ou sévères, gracieuses ou tragiques, que la France regrette et que je ne reverrai plus.

Ce sont d'abord les victimes de la guerre ; ces fils de famille, au front pur, au regard limpide, comblés de tous les dons de la naissance et de la fortune... On leur disait : « Vous n'avez eu que la peine de naître ; » ils ont répondu : « Nous allons avoir l'honneur de mourir. »

Ils sont morts, en effet, morts en héros ou en martyrs, pour cette noble et malheureuse France que le spectre sanglant de la République essayait parfois de leur cacher ; morts, pendant que leurs provinces luttaient contre d'odieux parodistes de 93 ; tandis que leur ville natale devenait le fief et la proie des créatures de ce Gambetta, dont la dictature insensée rendait d'avance inutiles tant de dévouements et de sacrifices... Morts, pendant que ces misérables proconsuls du désordre, du sacrilége et de l'anarchie, promenaient le drapeau rouge, persécutaient les prêtres, profanaient les églises, forçaient ces mots sacrés de « défense nationale » de signifier gaspillage, déprédation, friponnerie, fournitures dérisoires, spéculations scandaleuses, ignobles pots-de-vins prélevés sur l'agonie de la France. Encore s'ils étaient morts dans ces conditions qui laissent à la victoire une chance, à la défaite une revanche, à ceux qui tombent l'espoir d'être vengés par ceux qui survivent? Mais non, avant d'arriver à cette heure suprême, ils avaient subi trop de misères pour garder quelque illusion sur l'issue de la campagne; l'imprévoyance, l'ineptie, la négligence de leurs chefs leur avaient été plus meurtrières que les obus germaniques. Le froid, le dénûment, la faim, les avaient décimés avant l'artillerie de Manteuffel et de Werder. Au moment de succomber, ils savaient que leur chère patrie était condamnée à périr avec eux, et tous les désastres à venir se traduisaient dans leur âme par ce nom funeste, nom de charlatan ou de bouffon italien, sonore comme le tocsin d'une émeute de théâtre, retentissant comme le tambour d'une parade, tapageur comme un orchestre de cirque : Gambetta [1]!...

Gambetta!... Nous avons vu, dans ces derniers temps, quelques-uns de nos amis s'émouvoir des nombreuses candidatures qui allaient, disait-on, lui être offertes; nouveau défi — un entre mille! — lancé à la pudeur et à la conscience publiques; récompense *nationale* destinée à faire vis-à-vis démagogique aux vingt-six élections de M. Thiers. Nous étions bien tranquilles. Que le parti qui nous appelle parti de l'étranger voulût témoigner au citoyen Gambetta sa reconnaissance pour la façon vraiment magistrale dont il a préparé le règne de la Commune en assurant le triomphe des Prussiens, rien de plus vraisemblable; mais il avait, lui, trop d'esprit pour s'exposer à rentrer en scène tant qu'une triple ou quadruple élection pouvait être synonyme d'une

---

1. Le Vaudeville jouait, il y a quelque trente ans, une amusante parodie des *Impressions de Voyage,* d'Alexandre Dumas. Le héros burlesque de cette spirituelle bouffonnerie — c'était Arnal — s'appelait Gambetta.

centuple enquête; tant que le candidat acclamé risquait de s'appeler Varus, et de s'entendre dire par ses collègues, interprètes du pays tout entier : « Rendez-nous nos légions ! » La gueule du loup parlementaire n'est pas toujours commode pour les dictateurs en retrait d'emploi. Il était donc évident que M. Gambetta résisterait, cette fois, à un petit mouvement de vanité qui pouvait lui coûter cher, imaginerait quelque faux-fuyant et maintiendrait entre Versailles et lui une quantité suffisante de myriamètres [1].

Puis viennent — oh ! de vrais martyrs, ceux-là ! — les otages massacrés par cette hideuse Commune... Hélas ! ces malheurs sans nom, ces crimes sans frein, ont-ils produit sur nous tout l'effet que

[1]. Nous avions trop présumé de la prudence ou de la pudeur de M. Gambetta, et du bon sens de ses électeurs. Au moment même où j'écrivais cette page à laquelle je n'ai rien voulu changer, M. Gambetta changeait d'avis. Six jours plus tard, Paris, les Bouches-du-Rhône et le Var lui donnaient raison, et l'homme qui, sans comparaison aucune, a coûté le plus cher à la France, obtenait les honneurs d'une triple élection.

Bien joué, messieurs les rouges ! mais, le jour où M. Thiers va l'on devait en attendre? Voyons-nous s'humilier, se taire, rentrer dans l'ombre et le néant tous ceux que l'on peut soupçonner de tenir, par quelque lien visible ou secret aux monstres qui ont rougi ces sombres murailles du sang des Darboy, des Deguerry, des Captier, des Olivaint, des Ducoudray, élite de l'épiscopat et du sacerdoce, bienfaiteurs du pauvre, instituteurs de la jeunesse, aussi doux dans le bien que leurs infâmes bourreaux étaient acharnés dans le mal? Entendons-nous les républicains *modérés* — amère ironie! — déclarer que les Cartouche et les Mandrin, les Lacenaire et les Troppmann sont, à leurs yeux des saints et des anges, si on les compare à ces abominables héros

---

se trouver en présence de l'ex-dictateur, devenu le chef du parti démagogique et suscitant au chef actuel de notre gouvernement une sérieuse concurrence; le jour où la majorité de l'Assemblée, mise au défi par une minorité triomphante de se retremper dans le suffrage populaire, sera forcée de se dissoudre ou de tomber en lambeaux, alors commenceront les *meâ culpâ* de M. Thiers et de l'Assemblée, aussi tardifs, aussi stériles, aussi dérisoire que ceux de M. Jules Favre.

6 juillet 1871.

de l'assasinat et du pétrole? Et nous-mêmes, — ô honte ! — nous-mêmes? y a t-il pour nous, dans cette secousse, dans cette douleur, ce je ne sais quoi qui retrempe une âme, qui prépare à la lutte, au travail, au sacrifice, qui fait qu'on se dit tout bas : « Plus de distractions, plus de plaisirs, plus d'affaires, jusqu'à ce que j'aie contribué, pour ma part, à laver ces taches sanglantes, à racheter ces opprobres, à venger ces victimes, à réhabiliter ce misérable pays où un Raoul Rigault, un Millière, un Pyat, un Delescluze ont pu avoir leur jour d'omnipotence et de triomphe? Non; ni Paris, ni la France, ni le gouvernement, ni la société, ni les honnêtes gens ne sont ce qu'ils devraient être au lendemain de cette épreuve. On rencontre des incorrigibles qui ont l'air, en vérité, de croire *que ce n'est pas arrivé.* Un cauchemar, voilà tout. Que les affaires *reprennent,* que le commerce se ranime, que l'emprunt réussisse, que *l'article Paris* rattrape le temps perdu, que les magasins se rouvrent aux soixante mille étrangers que les chemins de fer ramènent, chaque jour, dans l'ex-capitale de Cluseret et du Père Duchêne, le reste s'effacera peu à peu comme une date tracée sur le sable. Les ruines sont des curiosités, les incendies ont offert un spectacle tel que Paris seul pouvait l'offrir aux amateurs de sensations grandioses ; les malheurs et les crimes formeront un magnifique chapitre d'histoire. Le nom des victimes s'éteindra dans les lointains du passé ; l'Opéra va nous rendre ses magiques splendeurs... Que parle-t-on de laborieux efforts, d'austérités, d'expiation et de pénitence? On peut vivre, c'est-à-dire s'amuser encore !

Dès le premier jour, une fausse note nous est venue de haut. Au moment où nous voulions douter, où nous demandions si le Dieu qui met un frein à la fureur des flots n'en mettrait pas à cette perversité et à cette audace, le deuil de l'Église, de la civilisation et de la France nous fut annoncé dans une dépêche où l'archevêque de Paris, M. Deguerry, « le meilleur des hommes », les admirables Pères Captier, Olivaint et Ducoudray — pas même nommés — étaient sacrifiés au « généreux Chaudey, cœur plein de bonté, républicain invariable. »

Républicain invariable? M. Thiers en est-il bien sûr? J'ai connu avant lui, mieux que lui, l'infortuné Gustave Chaudey : cœur généreux, soit ; mais cervelle vide, parole creuse, esprit faux, talent médiocre, éloquence à la mécanique, orgueil colossal, ambition immense ; le type de ces hommes excellents qui, après avoir mangé du prêtre, tous les matins, pendant quinze ans, s'étonnent d'être traduits et trahis par des logiciens féroces qui suppriment à la fois le mangeur et le mangé. Ce que je puis affirmer, avec la certitude d'un témoin, c'est que Chaudey, en avril 1847, dix mois avant la révolution de février, ne songeait pas plus à la République qu'au Grand Turc. Il arrivait de sa province, jeune et superbe, avec de bons poumons, une belle prestance, un léger accent montagnard, une figure franche et ouverte ; tout ce qu'il faut pour jouer les premiers rôles si on réussit, et ne jamais se consoler si, faute d'occasion ou de génie, on est relégué parmi les doublures. Je rencontrais

Chaudey chez un de mes amis, qui recevait aussi Sainte-Beuve. Le causeur du lundi avait immédiatement pris Chaudey en grippe. Il ressentait contre lui cette espèce d'antipathie que les hommes prodigieusement spirituels, laids, méchants en sourdine, éprouvent contre les hommes beaux, suffisants, et... un peu nigauds. — « C'est un trombone ! » disait-il ; et il s'esquivait à la hâte dès que le trombone entrait dans le salon.

Or, à cette époque, l'idée fixe de Chaudey était de se rattacher à un groupe de jeunes députés qui s'intitulaient *conservateurs progressistes,* et qui avaient pour chefs de file... le comte Henri de Castellane et M. de Morny; le fils du célèbre maréchal, terreur des *voraces* lyonnais, et le héros futur du coup d'État de décembre... Singuliers patrons, convenez-en, pour un républicain invariable.

Seulement, les catastrophes se précipitèrent ; Henri de Castellane mourut, chaque semaine vit paraître des signes avant-coureurs de tempêtes politiques. Les conservateurs progressistes furent débordés par les organisateurs de banquets. Bientôt éclata cette révolution de février, qui serait absurde, si elle n'était providentielle. Gustave Chaudey fut un des trois cent mille prophètes d'après coup, auxquels la détonation du boulevard des Capucines, aidée de MM. Caussidière et Bocage, révéla leur conviction véritable, et qui se dirent tout haut : « Tiens! c'est singulier! j'étais républicain, et je ne m'en apercevais pas! »

Mais, à côté de ces victimes de la guerre et de la Commune, que de morts illustres ou aimables, privés d'oraisons funèbres! Ne pourrait-on pas les appeler, eux aussi, victimes de nos calamités, puisque l'inquiétude et le chagrin ont hâté leur agonie, puisque leur mort, en temps ordinaire, eût été l'événement de la veille et du lendemain? Quel chaos n'a-t-il pas fallu, par exemple, pour me forcer à laisser partir, sans une page d'hommage et d'adieu, mon cher et noble ami de Belloy, poëte exquis, âme d'élite, fantaisiste charmant, épris de toutes les grandes et saintes causes ; un de ces hommes qui ne réussissent qu'à demi par l'excès de leurs qualités; opposant à la mauvaise fortune des trésors d'élégance, de bravoure et de grâce; prodiguant dans un seul de ses livres, *les Toqués*, plus d'esprit que nous n'en voudrions pour légitimer dix succès !

Pauvre de Belloy ! Il supporte vaillamment toutes les fatigues, toutes les privations du siége ; puis, après l'armistice, il va chercher un peu de repos, à Lyon, dans sa famille, une famille délicieuse ! Là, il se recueille comme un malade sorti d'un mauvais rêve ; il tombe comme un athlète vaincu — et il meurt. Heureux de Belloy ! Parisien par excellence, il n'a pas vu Paris capituler avec le crime après avoir capitulé avec la faim. Poëte, il n'a pas vu une orgie de sauvages fouler aux pieds toutes les poésies du présent et du passé. Artiste jusqu'au bout des ongles, il n'a pas vu toutes nos richesses artistiques entamées ou menacées par les incendiaires. Gentilhomme des pieds à la tête, il n'a pas vu la démagogie achever l'œuvre des Prussiens, passer un bail avec le démembrement et souffleter toutes les gloires de la France. Arrière-neveu d'un archevêque de Paris, il n'a pas vu le successeur du cardinal de Belloy arrêté par un bandit, interrogé par un scélérat, affamé par un geôlier, fusillé par une horde de bourreaux. Oui, heureux de Belloy, et ne plaignons que ceux qui survivent.

Et M. Auber? Ne craignez rien; je ne prétends pas usurper une parcelle de cette province musicale, qui ne m'appartient pas. Mais un rêve n'a rien de commun avec une étude biographique ou l'appréciation d'une œuvre aussi considérable que celle de l'auteur du *Domino noir!* Bizarre contraste, explicable seulement par les hallucinations que j'essaye de fixer sur cette feuille volante. La musique de M. Auber semble ne convenir qu'aux fêtes et aux joies de ce monde; on dirait que l'adversité ne peut l'effleurer de ses ailes. La chose est trop sérieuse pour cette mélodie légère, pimpante, moqueuse, se jouant à la surface de l'esprit et du cœur, digne de donner la réplique aux bergères de Fragonard ou de Watteau. Et cependant c'est, aux sons de cette musique que s'agitent autour de mon cerveau surexcité par la fièvre toutes ces images de deuil, d'angoisse, de déroute, de crime, de détresse et de mort. C'est *la Muette de Portici*, enrichie de *la Marseillaise,* qui a inauguré ces alternatives fatales d'enthousiasmes factices et de déceptions énervantes. Si j'évoque les fantastiques voyages de Gambetta, l'homme de France qu'on a vu le plus souvent déplacé, je ne puis m'empêcher de penser à Masaniello, héros populaire, acclamé le matin, renversé le soir, et fou avant d'arriver à sa dernière cavatine, j'allais dire à sa dernière dépêche. Fritz, le héros allemand de *la Fiancée*, si désolé d'être à la fois tapissier, amoureux et caporal, ne vous rappelle-t-il pas ces soldats de la landwehr, nos envahisseurs écrivant à leur Gretchen en lui envoyant une pendule... Silence! voici la nuit; une nuit de printemps à Madrid. Voyez-vous se glisser dans l'ombre cette forme élégante, à demi voilée, femme, nonne ou sylphide? C'est Angèle, en domino noir, elle passe, elle tremble, elle chante; elle a rencontré des voleurs, et, pour ne pas être trop pillée, il a fallu qu'elle se laissât prendre deux baisers; la France serait bien heureuse d'en être quitte à si bon marché; mais elle ressemble plutôt à la Fiancée du roi de Garbe, interceptée par je ne sais combien de personnages équivoques avant de parvenir jusqu'à son maître légitime. Fra Diavolo, Marco Spada, Scopetto, Beppo, volant les serviettes de l'hôtellerie de Terracine, quels ancêtres pour les communards, voire pour certains garibaldiens!... Enfin, vous savez à qui je pense quand je rêve pour mon pays, après tant d'afflictions et de souffrances, *un premier jour de bonheur*. Faut-il donc s'étonner si cette musique d'Opéra-Comique sert pour moi d'accompagnement à toutes les scènes de ce lugubre drame? Singulière destinée que celle de l'illustre défunt! Au seuil de sa seconde jeunesse, — il en a eu dix, — des revers de fortune le forcent de se consacrer tout entier à cet art charmant qui a fait sa gloire et nos délices. Pour mieux jouir de cette gloire, il désire vivre le plus longtemps possible. Il est exaucé... Le voilà presque nonagénaire... Hélas! dans ce Paris qu'il a tant aimé, qui le lui rendait bien, qu'il n'avait pas quitté depuis soixante ans, peu s'en faut que son cadavre ne soit jeté au ruisseau de la rue Saint-

Georges : Le marteau qui démolit l'hôtel de M. Thiers fait trop de bruit pour qu'on entende M. Auber mourir.

Les hurlements des fédérés couvraient les derniers soupirs de son agonie ; il a fallu que les sbires du vice-roi Alphonse et les carabiniers du brigadier Lorenzo vinssent balayer l'affreux repaire pour que l'on pût songer aux funérailles du chef de l'école française, et se dire en passant : « Vous ne savez pas? le 12 mai, Pyat et Delescluze étant consuls, et datant leur consulat du 20 prairial an 79 de la République française, notre cher et *adorable* Auber est mort, à quatre-vingt neuf ans, trois mois et quatorze jours, après avoir écrit quelques partitions de plus que le nécessaire et vécu dix mois de trop. »

25 juin 1871.

XIV

ÉPAVES ACADÉMIQUES

M. VILLEMAIN

I

Ce que je voudrais essayer ici, — ne vous effrayez pas, — c'est une restauration. Il y a des procédés particuliers pour restaurer les vieilles toiles et retrouver, sous une couche de poussière ou de vestuté, la manière et la signature d'un maître. C'est de procédés analogues qu'il faut user à l'égard de cette curieuse figure dont il était difficile, dans ces derniers temps, de bien comprendre l'attrait, l'éclat, l'autorité littéraire et même le sens. Rappeler M. Villemain aux contemporains de ses succès, l'expliquer aux jeunes gens qui ne pouvaient le connaître que par tradition ou par ouï-dire, telle est la double tâche que doit se proposer quiconque ose parler du secrétaire perpétuel de l'Académie française. Laissons à d'autres une biographie qui est partout, des anecdotes qui courent les rues, et des bons mots qu'il était bien capable de dire, mais qu'il n'a peut-être jamais dits.

Le bonheur de M. Villemain fut d'arriver à propos, dans le moment le plus favorable au développement de ses facultés brillantes. Son mérite fut d'associer la perfection de ses études classiques, la pureté de son goût, le penchant académique de son esprit, l'élégante correction de son style, à l'avénement d'idées nouvelles, à l'inauguration d'un art nouveau, qui devait, semblait-il, l'effrayer et lui déplaire.

Reportons-nous par la pensée vers l'époque des débuts de M. Villemain dans les lettres et dans le monde. A vingt-quatre ans, il était déjà célèbre. Ses succès au lycée Impérial, où son professeur, Luce de Lancival, s'était fait souvent remplacer par lui dans sa chaire de rhétorique, sa réputation d'helléniste affirmée dans une représentation de *Philoctète*,

ses *Éloges* de Montaigne et de Montequieu couronnés
par l'Académie, le périlleux honneur qu'il eut de
lire lui-même, dans une séance solennelle de l'Institut, devant les souverains alliés, son discours sur
les Avantages et les Inconvénients de la critique, sa
causerie étincelante qui rachetait amplement certains désavantages physiques, tout le recommandait
à l'attention des hommes éminents et des femmes
spirituelles qui recomposaient une société avec des
débris, une littérature avec des souvenirs, une politique avec des essais. Le jeune Villemain fut, au
plus haut degré, l'homme de ces heureuses alliances
entre le passé et le présent. Nul ne devait mieux
réussir et ne réussit mieux à renouer ce qu'on a
appelé la chaîne des temps, à purifier l'atmosphère
intellectuelle, viciée par la Révolution, le despotisme et la guerre, à ranimer la tradition du grand
siècle, mais sans s'y enfermer tout à fait et en laissant une porte ouverte aux courants d'air. Du génie,
il n'en avait pas; c'est embarrassant aux heures de
conciliation et de rajustement. Du talent, il en eut
beaucoup; de l'esprit, cent fois davantage.

L'esprit fût, pendant plus d'un demi-siècle, sa puissance, sa magie, son étiquette, j'allais dire son synonyme; un esprit d'Athénien aiguisé à Paris, d'une merveilleuse finesse, toujours prêt à la riposte, prompt à venger les griefs et les susceptibilités du goût, malicieux avec délices; le miel et le dard de l'abeille, jamais le venin de la vipère; c'est ce qui le distingua d'un de ses plus illustres successeurs, mort avant lui [1].

Les influences qu'accepta M. Villemain, les patronages qui l'aidèrent à se placer dans tout son jour furent de différentes origines et de physionomies diverses. Il y eut de grandes dames — hélas! les dernières peut-être, — qui lui savaient gré d'être érudit sans pédantisme, de ne rien garder dans les salons de l'esprit de collége, de mériter qu'on l'embrassât en faveur du grec, d'être assez galant pour leur plaire, et, de son propre aveu, trop laid pour les compromettre; il y eut des hommes spirituels et charmants, tels que le comte Louis de Narbonne,

---

[1]. Feu M. Sainte-Beuve.

auquel il a largement payé sa dette de reconnaissance dans ses *Souvenirs contemporains*. Ces protections intelligentes, ces précieuses amitiés, ces bienfaisantes influences, peuvent se résumer en deux noms restés inséparables du sien : Fontanes et Chateaubriand.

M. de Fontanes, que nous n'avons pas à juger comme personnage politique, représentait, avec des nuances aujourd'hui insaisissables, l'ingénieux éclectisme dont on ne pouvait se passer en ce moment de transition douloureuse entre les ruines et l'inconnu. Ses prédilections pour le siècle de Louis XIV ne le rendaient pas insensible aux beautés inquiétantes et hardies de *René* et d'*Atala*. Courtisan, mais non pas servile, n'ayant admiré et aimé, de Napoléon Bonaparte, que ce qui répondait à un certain idéal de réorganisation sociale et de poétique grandeur, il pouvait, après avoir figuré parmi les hauts dignitaires de l'Empire, déclarer sans hypocrisie son penchant pour l'antique monarchie. Chateaubriand personnifiait avec éclat ce qui devait être plus tard le *romantisme*; mais il y apportait l'inconscience qui caractérise la plupart des vrais novateurs, et on l'eût fort étonné si on lui eût dit que ses audaces d'imagination ou de langage le séparaient de Bossuet et de Racine. A ces qualités distinctives ajoutez la haute naissance de l'un, la haute expérience de l'autre; répandez sur tout cet ensemble le souffle poétique des générations élevées dans le sang et dans les larmes, ramenées à l'idéal par les angoisses et le malheur; vous comprendrez dans quel milieu propice se produisit M. Villemain, à quelles sources d'inspiration il puisa, qu'elles leçons et quels exemples il eut sous les yeux, à quels appuis il dut de ne pas tomber du côté où il penchait.

Il sut être autre chose qu'un professeur ou un homme de lettres, en vivant de plain-pied avec cette société polie qui conservait un parfum aristocratique et se plaçait comme un trait d'union entre la littérature et le monde. Ce qu'il y avait d'un peu froid dans sa nature et dans son talent, s'échauffait dans l'ardent contact du poëte des *Martyrs*. La vivacité, de son intelligence, aux prises avec d'innombrables préludes de découverte et de renaissance, le préserva d'un culte trop absolu pour la phrase. Ses ennemis l'ont parfois qualifié de rhéteur. Le mot n'est pas juste; dans tous les cas, il fit, avec les fleurs de sa rhétorique, le jardin d'acclimatation de bien des idées.

Car ce fut là l'originalité de M. Villemain, et elle suppléa à celles qui lui manquaient. Il fut moins critique qu'initiateur ou précurseur; ou plutôt il prépara une révolution dans la critique française, en la rendant, non pas plus exacte et plus profonde, mais plus compréhensive; il la dota d'une double faculté d'expansion et d'assimilation; présent inestimable dans un moment où tombaient les barrières opposées si longtemps par l'esprit français à tout ce qui n'était pas lui. Il y eut un je ne sais quoi de piquant et de charmant dans le contraste de l'éducation littéraire de M. Villemain, de ses élégances cicéroniennes, de sa qualité de disciple des Grecs et des Latins avec la poésie anglo-saxonne ou germanique dont il semblait goûter la saveur étrange et les énergiques beautés. Il accueillait, il fêtait

Shakspeare et Milton, en attendant Byron, Gœthe, Walter Scott, Shelley, Schiller, Lamartine et Victor Hugo ; tandis que le génie abrupt et celtique de Chateaubriand, à peine déshabitué des savanes et de la vie sauvage, faisait la moue, alléguait les délicatesses françaises et renvoyait aux matelots de la Cité le poëte de Juliette et d'Ophélia. C'est que Chateaubriand ne regardait qu'en lui-même, n'écoutait d'autres échos que ceux de sa muse ou de sa gloire, n'était curieux que des rêves de son imagination ou de son orgueil. Or, il faut à l'esprit critique un peu de curiosité, un peu de détachement de soi, de ses goûts primitifs, de ses préférences ou de ses parentés littéraires, une aptitude particulière à vivre dans l'idée d'autrui, à se familiariser avec ce que l'on ne connaissait pas, à s'assimiler ce qu'on avait cru réfractaire, à fondre, dans le moule de la pensée, la distinction du tien et du mien. La souplesse y réussit mieux que la grandeur ; la finesse mieux que la force. Le génie est égoïste et thésauriseur ; l'esprit est libre échangiste ; l'un est casanier, l'autre cosmopolite.

M. Villemain eut cette curiosité ingénieuse et féconde, mais sans la pousser à l'extrême et la laisser dégénérer en manie. Son tempérament sobre et discret ne l'y portait pas. Il se refusait à croire que les idées pussent gagner quelque chose à se matérialiser, et que l'analyse littéraire dût employer les méthodes dures et tranchantes de l'anatomie ou de la clinique. Il lui semblait que l'œil embrassait plus d'espace en se promenant sur l'horizon qu'en se baissant sur la borne, et que l'histoire de l'esprit humain se faisait mieux à l'aide de ses grands parchemins que de ses petits papiers. Par là, par ce sage équilibre, par cette exquise mesure, il est resté supérieur à la génération qui l'a suivi et dépassé sur quelques points; il occupera, nous le croyons, une place plus élevée dans la littérature de notre siècle.

Nous avions besoin d'évoquer ces lointaines images avant d'avouer qu'on ne saurait relire les ouvrages de M. Villemain, — surtout ceux de longue haleine, — sans éprouver un léger mécompte. L'*Histoire de Cromwell, Lascaris,* nous font aujourd'hui l'effet d'amplifications brillantes dont l'auteur, trop préoccupé de conventions académiques ou mondaines, aurait négligé de serrer de près ses sujets, d'approfondir les événements et les caractères, d'imprimer à ses récits ou à ses peintures le mouvement, la couleur et la vie. C'est de l'excellente littérature de salon, distinguée, mais froide, et n'échappant à la banalité que par l'élégance du style. N'importe ! ces œuvres, qui ressemblent maintenant à des pastels effacés, s'accordaient avec le goût du temps. On allait en foule les acheter chez les libraires à la mode, avec le *Woodstock* de Walter Scott et les *Messéniennes* de Casimir Delavigne. Les aventures de Lascaris, de ce jeune Grec qui apportait en Occident les chefs-d'œuvre et la civilisation de sa patrie frappée au cœur, intéressaient vivement les belles lectrices du *Jeune Diacre* et du *Voyage en Grèce*. L'enthousiame hellénique avait alors de telles ardeurs, qu'il communiquait à ces pages brillantes le feu qu'on y eût vainement cherché. Quand l'électricité est dans l'air, le marbre même semble avoir chaud. Ces ingénieuses créations, fleurs de savoir et de bel-esprit, étaient à peine vivaces;

mais, favorisées par la température, elles paraissaient immortelles.

Au surplus, si la littérature écrite de M. Villemain risquait réellement de subir quelque déchet, il suffisait, pour sa revanche, de se souvenir de sa littérature parlée. Ce fut là son succès le plus éclatant, le secret de sa popularité et de son influence, notre réponse toujours prête à ceux qui s'étonnent de le voir placé si haut par les demeurants d'un autre âge. C'est dans sa chaire, dans son *Cours de Littérature*, sténographié d'abord et publié depuis, que M. Villemain a été tout ce qu'il n'était pas dans ses livres; original, varié, coloré, chaud, séduisant, entraînant, irrésistible. Pour ceux qui eurent alors le bonheur de le voir et de l'entendre, l'impression fut si vive et si profonde, que, plus de quarante ans après, il nous est impossible d'en parler sans tressaillir, comme on tressaille au souvenir d'une soirée d'*Otello* chanté par madame Malibran, ou de la femme à peine entrevue qui a passé dans nos songes d'adolescent. Dût-on ressembler au vieillard d'Horace, — *laudator temporis acti*, — on s'écrie avec une émotion mélancolique : « Ah! c'était le bon temps! » — et on se retrouve en idée dans la grande salle de la Sorbonne, perdu au milieu d'une foule compacte, dont les premiers rangs sont occupés par des jeunes gens appelés, eux aussi, à de brillantes destinées : Sainte-Beuve, Alfred de Musset, Jouffroy, Damiron, Mérimée, Vitet, Nisard, Duchatel, etc...

Et beaucoup que je sais, et beaucoup que j'oublie!

Le maître arrive. S'il sacrifie aux Grâces, c'est son esprit qui se charge seul du sacrifice. Négligé dans sa mise, la marche inégale, la taille que vous savez, une liasse de livres ou de papiers sous le bras, la tête dans les épaules, le scintillement du regard voilé par les paupières un peu épaisses, le pli des lèvres s'essayant au sourire, comme un arc qui va lancer ses flèches, il s'assied, il parle. O prodige! Et comment voulez-vous que la génération à laquelle M. Villemain a paru beau, ne soit pas spiritualiste? Le charme opère aussitôt; l'orateur et l'auditoire sont unis par un fil magnétique. Il parle; sa voix tour à tour insinuante et douce, incisive et mordante, donne une valeur prodigieuse, non-seulement à toutes ses paroles, mais à toutes ses réticences. Quelle variété! quelle souplesse! quel art caché sous ce naturel! quelle justesse de demi-teintes et de nuances! Le miroitement des idées se joue à travers les ténuités du langage : les aperçus se multiplient, les perspectives s'ouvrent, s'élargissent; nous pouvons nous croire aux bords de l'Océan, sur quelque phare d'où l'on apercevrait à la fois la France et l'Angleterre. Les illusions, les épigrammes, les malices, les prétéritions narquoises, sont saisies au vol avec une promptitude qui nous met de moitié dans les intentions de notre enchanteur. Nous soulignons ce qu'il dit, nous achevons ce qu'il commence, nous devinons ce qu'il tait... Songez qu'à cette époque de liberté décente, de luttes tempérées par les habitudes de la bonne compagnie, les invectives, les insultes, les personnalités grossières — tout ce qui réussit aujourd'hui — étaient du domaine exclusif des forts de la halle et des crocheteurs. Un Athénien, un lettré, un maître dans l'art de parler et d'écrire, se serait cru déshonoré s'il n'avait eu à son service assez de gaze et de dentelle pour faire concurrence aux fabriques de Malines et d'Alençon. Le sel suffisait à nos gosiers délicats; le piment nous aurait fait peur. On se querellait à voix basse, on discutait sans forcer le ton; tout, jusqu'à « Je ne suis pas de votre avis », se disait finement. Une pensée ou un sentiment d'opposition, une velléité frondeuse, ne valait que par le tour qu'on savait lui donner, n'avait toute sa physionomie qu'en se dissimulant et mettait plus d'esprit à se déguiser qu'à se produire. On ne cassait pas les vitres; tout au plus essayait-on de les rayer avec un diamant, et les diamants de M. Villemain eussent défié tous ceux de Visapour et de Golconde.

J'ai insisté sur cette phase de sa vie et sur cette partie de son œuvre, parce que la postérité commence pour lui, qu'elle va faire son inventaire, et qu'il est juste de rappeler ce qui n'a rien à redouter de ce premier triage. A quoi bon, après avoir mis en relief le trait distinctif, la date caractéristique, la figure originale, revenir sur l'écrivain, à qui nous avons souvent rendu un respectueux hommage? A quoi bon reparler des ouvrages de son déclin, des *Souvenirs contemporains*, de *la Tribune contemporaine*, de l'*Essai sur Pindare et la poésie lyrique*, sinon pour saluer encore une fois le noble exemple offert par ce vieillard illustre qui aurait eu tant de droits au repos? A quoi bon mentionner les derniers *Rapports* à l'Académie, sinon pour constater que la société la plus spirituelle est encore bien moutonnière, et que nous donnions quelque peu à rire à nos dépens en nous récriant, chaque année, sur ces prétendues merveilles d'esprit critique et de jeunesse, où le vide ne se dérobait même plus sous la correction du style? Enfin, à quoi bon nous souvenir que M. Villemain fut, lui aussi, à son moment, pair de France, député, ministre, homme politique, — presqu'un homme d'État, — sinon pour remarquer qu'il y a plus perdu que gagné, que sa véritable gloire n'est pas là? Quant à sa querelle légendaire avec les jésuites, elle fut plus amusante que tragique. Les jésuites ont presque autant d'esprit que M. Villemain. Ils lui ont depuis longtemps pardonné la peur qu'ils lui firent, et je suis sûr qu'ils prient pour lui.

En supposant — ce qu'il est difficile de nier — que M. Villemain, entré, vers la fin de la Restauration, dans la ligue du bel esprit contre la royauté, ait contribué, pour sa petite part, à la fatale révolution de juillet, ajoutons qu'il fut puni par où il avait péché. De tous les régimes qui se sont succédé depuis 1830, — sans excepter le règne de Louis-Philippe, — aucun ne lui convenait aussi bien que la monarchie héréditaire et tempérée, s'appuyant sur une légitimité séculaire, assez libérale pour les gens qui aimaient mieux causer que crier, offrant aux gourmets un arrière-goût des aristocraties disparues, et leur accordant en outre le plaisir de la fronder avec toute sorte de délicates chatteries et de se populariser à ses dépens. A dater de la chute du roi Charles X, le désaccord ne cessa de s'aggraver entre M. Villemain et la société française, réformée ou déformée par la politique. Le règne de Louis-Philippe lui infligea le chagrin de changer de cadre, de chercher pour un nouveau rôle des qualités qu'il n'avait pas, de quitter le Parthénon pour le palais du Luxembourg et d'être dépassé en chemin par des hommes — MM. Thiers et Guizot, par exemple, — qu'il avait pu un moment regarder comme ses inférieurs ou ses égaux. La république de février put lui faire craindre de voir le plus rude hurleur de carrefour l'emporter sur le plus délicieux causeur d'Académie. Le coup d'État et l'Empire exaspérèrent son âme libre et généreuse, servie par des nerfs irritables. Il en ressentit comme un violent coup de marteau frappé sur les belles idoles de sa jeunesse, et, au bout de quinze ans, le coup de marteau vibrait encore. Mais du moins la Providence lui réservait un dédommagement funèbre. Il a cessé de vivre et de souffrir, le 8 mai, quelques heures avant la parade démocratique des cruches plébiscitaires, le lendemain du jour où les échos de Marathon, si souvent réveillés par l'auteur de *Lascaris*, n'avaient plus à nous parler que de brigandage, et nous forçaient de donner raison à M. About, candidat à l'Académie française [1].

15 mai, 1870.

II

ENCORE VILLEMAIN !

Ceux qui n'ont connu M. Villemain que pendant ces dernières années, ne peuvent se faire une idée de l'éclat de ses débuts dans les lettres et dans le monde, du rayonnement de ce merveilleux esprit, qui s'annonça comme presque aussi brillant et plus inoffensif que celui de Voltaire. Lorsque nous rencontrions, aux abords de l'Institut ou de l'église Saint-Germain-des-Prés, ce vieillard au teint jaune, au chef branlant, à l'œil atone, aux lèvres grima-

---

[1]. Hélas ! nous ne pouvions parler ce jour-là, 15 mai 1870, que du plébiscite et des brigands de Marathon. Qu'aurait pensé, qu'aurait souffert M. Villemain, s'il avait eu le malheur de vivre un an de plus, s'il avait vu le plébiscite, escamoté au nom de la paix, aboutir à une guerre insensée, la guerre s'inau-

çantes, à la taille déjetée, qui de nous eût reconnu l'étincelant causeur des salons du comte de Narbonne, de madame de Staël et de madame Suard, l'éloquent professeur de la Sorbonne, l'homme dont les premiers succès avaient eu le charme d'une aurore, et qui rachetait au centuple les disgrâces de son extérieur par des trésors de sagacité, de style, de savoir et de goût? Ramenons donc un moment nos regards vers les belles années de sa jeunesse, si pleines et si fécondes, que, même en ne donnant pas tout ce qu'elles avaient promis, elles ont encore beaucoup donné.

Un des traits caractéristiques du talent de M. Villemain, ce fut la précocité. Il n'y eut pas d'intervalle entre les fleurs et les fruits de cette heureuse nature, que l'on vit se révéler tout à coup avec

gurer par des fautes, se continuer à travers une série de désastres, se terminer par une paix atroce, au milieu du deuil et de l'humiliation de la France; s'il avait vu surtout les brigands de Marathon dépassés mille fois par les brigands de la Commune? Heureux, bien heureux ceux qui sont morts avant ces dates fatales !

1er juillet, 1871.

les lilas et les abeilles, au printemps de notre siècle. Né le 11 juin 1790, à Paris, — nous allions dire à Athènes, — Abel-François Villemain atteignait à peine le seuil de l'adolescence, que déjà il savait du grec *autant qu'homme de France*, jouait *Philoctète* dans la langue de Sophocle, étonnait son maître, le vieil helléniste Planche, et suppléait parfois Luce de Lancival dans sa chaire de rhétorique. A vingt ans, il conquit d'emblée l'amitié de M. de Fontanes ; à vingt et un ans, il eut le difficile honneur de faire écouter et applaudir un discours latin, à la distribution solennelle du Concours général; à vingt-deux ans, son *Éloge de Montaigne*, malgré des rivalités redoutables, — Droz, Jay, Victorin Favre, — fut couronné par l'Académie française, qui devait, dix ans plus tard, l'élire à l'unanimité. Il fut le Benjamin de l'illustre assemblée avant d'en être le Siméon, et, pendant près d'un demi-siècle, il la personnifia d'une façon si essentielle, si constante et si complète, qu'il semblait être né avec l'habit aux palmes vertes, sous la coupole du palais Mazarin.

Ces succès rapides et multipliés avaient recommandé le jeune Villemain à l'attention de toutes les puissances de la terre, depuis les souverains et les ministres jusqu'aux femmes célèbres dont cette époque acceptait l'aimable influence. Aujourd'hui, dans notre société démocratique, à la fois nivelée et compliquée, positive et inquiète, la littérature essaye trop souvent de vivre de sa vie propre, sans contact avec les supériorités et les élégances mondaines. Alors, il n'en était pas de même. L'auteur de l'*Éloge de Montaigne*, le candidat *in petto* à l'Académie française, avait l'esprit trop fin et trop aiguisé pour ne pas comprendre que son avénement littéraire ne serait décisif et son éducation parfaite que le jour où il prendrait place, lui aussi, parmi ces puissances sociales, en leur offrant le tribut de sa jeune gloire et de sa conversation éblouissante. Nous avons pu retrouver plus tard, dans ses *Souvenirs contemporains*, la trace de ces amitiés illustres ou charmantes, la brume lointaine et radieuse où apparaissent tour à tour les beaux yeux de la duchesse de Dino, la physionomie spirituelle de M. de Narbonne, l'énigmatique visage du prince de Talleyrand, le profil olympien du poëte des *Martyrs*, la bienveillante figure de M. de Fontanes, l'équivoque sourire de Benjamin Constant, les traits virils de madame de Staël. On a dit que la reconnaissance était la mémoire du cœur; cette fois, la mémoire a été la reconnaissance de l'esprit.

Ainsi grandissait M. Villemain, ingénieux avec naturel, familier avec mesure, caressant avec malice, courtisan sans bassesse, savant sans pédantisme, galant sans trop de flamme, ne gardant de ses spécialités de littérateur, de professeur et d'érudit que ce qu'il en fallait pour rendre plus piquantes les grâces légères de sa causerie. Il mérita d'être associé à cette renaissance littéraire, politique et libérale, qui permit à la France vaincue de se dire : « Je pense; donc, je suis, » qui la consola de ses désastres et fit fleurir l'espérance sur un amas de ruines. Faut-il croire qu'il y mit un peu trop d'empressement et de zèle? On lui a reproché, comme un crime, je ne sais quelle harangue complimenteuse, prononcée en pleine Académie, devant les souverains alliés. C'est peut-être que l'on s'obstine à confondre la bienfaisante restauration de 1814 avec la sombre réaction de 1815 ; le généreux sauvetage avec les funestes représailles.

Quoi qu'il en soit, s'il y eut jamais une vocation bien marquée en ce monde, ce fut celle qui indiquait d'avance la part et le rôle de M. Villemain dans les affaires publiques. Distingué par Louis XVIII, patronné par M. Decazes, effrayé des violences de la *Chambre introuvable,* il devait être et il fut, à dater de la fameuse ordonnance du 5 septembre, le type du lettré spirituel et poli sous un gouvernement libéral et dans une société d'élite, l'homme des tempéraments ingénieux et des réconciliations délicates entre les regrets du passé et l'intelligence moderne, entre l'autorité et la liberté, entre la tradition et le progrès. On lui attribue un mot qu'il a laissé échapper peut-être dans un moment de mauvaise humeur, mais dont sa vie a été le démenti : — « La littérature, aurait-il dit, mène à tout, à condition d'en sortir. » Non, il n'en est jamais sorti, heureusement pour nos plaisirs et pour sa gloire. Il n'a jamais cessé d'être ce que la nature l'avait fait : littérateur. Il a été homme de lettres partout, dans sa chaire de la Sorbonne, au palais Bourbon, à la Chambre des pairs, aux Tuileries, au ministère, dans les salons officiels comme dans ceux du faubourg Saint-Germain; et, s'il lui a paru que, finalement, la littérature ne l'avait pas mené à tout, il a pu se consoler en regardant ceux que la politique n'a menés à rien.

Mais, bien longtemps avant cette pairie et ce ministère qui ne furent, en somme, qu'un accessoire de sa vie, M. Villemain s'était placé à la tête de la critique moderne. Il nous suffira de citer ses *Éloges* académiques, ses *Mélanges*, et surtout son *Cours de littérature française*. Quand je dis critique, j'ai peut-être tort. Il fut plutôt un historien littéraire, un précurseur, un initiateur, habile à résumer en quelques pages le mouvement intellectuel d'une époque, à grouper autour des écrivains illustres un ensemble d'épisodes ou de souvenirs qui les explique et les complète, à reculer les horizons des littératures en y multipliant les points de vue; à peu près comme ces guides expérimentés qui savent, dans les pays de montagnes, vous conduire aux sites les plus favorables pour tout voir et tout admirer. Il excella dans l'acclimatation des idées; faculté bien précieuse en un moment où l'esprit français, si exclusif jusqu'alors et si casanier, se décidait enfin à sortir de chez soi et à reconnaître qu'il existait, hors de ses frontières, d'autres littératures que la sienne.

Singulier contraste ! nous vîmes marcher, grandir, écrire et lutter côte à côte deux hommes bien différents : Chateaubriand et M. Villemain. L'un, primesautier, original, novateur, rompant les traditions d'école et de style, abrupt, procédant par sauts et par bonds, représentant avec éclat le *romantisme* de la première heure; l'autre, correct, cicéronien, limé, lustré, poli, toujours égal à lui-même, nourri des sucs les plus délicats de la Grèce et du grand siècle, destiné, paraît-il, à rester le *classique* par excellence. Et cependant Chateaubriand n'a pas compris un mot de Shakspeare, du Dante, de lord Byron, de Walter Scott et de ses autres contemporains; M. Villemain, au contraire, tout en gardant la pureté de sa forme et l'imperturbable sûreté de son goût, a deviné ou devancé l'effet que ces génies allaient produire sur une société désormais ouverte aux souffles du dehors par la Révolution et la guerre. C'est à lui que nous avons dû de nous orienter dans ce monde nouveau, de nous aventurer dans ces sentiers, de gravir ces sommets sans éprouver de vertige.

Aussi, quel succès, quelle popularité pendant ces années heureuses où nous nous échappions des bancs du collége pour envahir ceux de la Sorbonne ! Quels battements de mains et de cœur à l'entrée de ce maître, si jeune encore et déjà si célèbre, qui nous arrachait aux aridités maussades du thème et du vers latin pour nous faire parcourir avec lui des rives enchantées, et remplacer le vinaigre de la salle d'études par tout le miel de l'Hymette ! quel joyeux enthousiasme ! comme nous étions prompts à saisir les allusions, à souligner les réticences, à accentuer les malices, à interpréter les silences, à faire un trait d'esprit de chaque jeu de physionomie, à nous griser d'éloquence, de poésie et de liberté! C'est à cette phrase rapide que je voudrais rattacher le portrait de M. Villemain. Il avait moins d'ampleur et de gravité que M. Guizot, moins de feu et d'expansive ardeur que M. Cousin. Chez M. Guizot, l'historien faisait déjà pressentir l'homme d'État. M. Cousin, passionné, exubérant, superbe d'attitude et de geste, tenant à la fois du hiérophante amoureux de son culte et de l'acteur épris de son rôle, répandait sur les questions les plus abstraites la flamme, la lumière et la vie. Ces deux maîtres avaient en outre sur leur glorieux collègue les avantages de la taille et de la figure qui, sans être précisément l'éloquence, en augmentent l'intensité et le prestige.

Mais M. Villemain suppléait à tout par des prodiges d'ingéniosité, d'atticisme et de grâce. Il arrivait, des livres sous le bras, voûté, l'œil clignotant, le menton en avant, les lèvres plissées par une moue narquoise qui ressemblait à un sourire en dedans. Il parlait, et le charme opérait aussitôt : on ne savait plus si l'on avait devant soi Apollon ou Thersite. Sa voix, tantôt insinuante et douce, tantôt caustique et mordante, donnait un relief extraordinaire à des mots qui, dits par un autre, eussent passé inaperçus. La pantomime accompagnait la parole, comme un orchestre. Il s'établissait entre l'oratoire et l'auditoire de telles attractions magnétiques, que nous devenions tous presque aussi spirituels que lui pour traduire ce qu'il disait, deviner ce qu'il pensait, compléter ce qu'il n'achevait pas et penser ce qu'il croyait devoir taire. Le passe-port des idées nouvelles s'écrivait sur le *verso* d'une page de Pascal ou de Montaigne, de Fontenelle ou de Montesquieu, lue avec un pétillement de fines intentions qui se dérobait à tous et n'échappait à personne. Nul n'a mieux connu que M. Villemain la valeur des demi-tons et des quarts de ton; nul n'a mieux pratiqué l'art insaisissable des nuances, des teintes neutres, des gradations, des ténuités et des dextérités de langage. Il y avait de la souplesse dans ses audaces, des câlineries dans ses épigrammes, du velours dans ses chatteries, des caresses dans ses piqûres. Il jouait de la langue française comme Thalberg du piano et Paganini du violon. Son talent de lecteur était magique; c'est lui encore que l'on applaudissait dans la prose des autres. Noble date! doux souvenirs! pures images! illusions lointaines! Nous prenons plaisir à vous évoquer, comme on évoque le nom d'une femme que l'on a aimée, qui nous a trahis et qui ne nous en semble que plus aimable !

C'est aussi à cette époque que parurent les principaux ouvrages de M. Villemain, ou du moins ceux de sa première manière : L'*Histoire de Cromwell*, livre élégant et froid auquel on reprocha de demeurer impartial entre les révolutionnaires et les jacobites; *Lascaris, ou les Grecs du* XIIe *siècle*, œuvre d'à-propos, mi-partie de roman et d'histoire, tribut payé à cet enthousiasme hellénique qui nous enflammait alors et dont on n'ose plus parler depuis que les échos de Marathon répondent meurtre et brigandage à nos vieilles réminiscences de patriotisme et de ˋgloire ; les *Études sur les Pères de l'Église;* les réponses aux discours de réception de Darcier, de Fourier et d'Arnault. Toutes ces œuvres, toutes celles qu'il publia dans la suite, sont pleines de qualités solides et brillantes, de savantes recherches, d'aperçus piquants, de rapprochements ingénieux, de belles et éloquentes pages. Pourtant, sa littérature écrite, surtout dans les ouvrages de longue haleine, ne valut jamais sa littérature parlée. Puisque nous avons emprunté déjà quelques images à un art qui nous est cher, nous ajouterons que l'instrument, chez M. Villemain, était supérieur à la musique. *Compositeur* excellent, virtuose incomparable.

Glissons rapidement sur les années que j'appellerai officielles, et où la politique disputa M. Villemain à la littérature. Homme singulier et singulièrement doué, dont on peut dire que le temps où il occupa les plus hautes dignités de l'État est une lacune dans sa vie! Je n'en veux rappeler qu'un trait, parce qu'il est caractéristique et qu'il fit beaucoup de bruit. Enfant chéri de l'Université, élève de Pascal et de Bossuet, légèrement enclin aux idées jansénistes ou gallicanes, il s'était hautement déclaré contre les jésuites dans les luttes qui passionnèrent alors la tribune et la presse. Tout à coup, il eut peur de ces mystérieux ennemis, auxquels on attribuait une puissance clandestine. Il se figura avoir à ses trousses tous les révérends Pères, tous les complices apocryphes de Rodin et de d'Aigrigny. Cette obsession devint une idée fixe, et, comme il y a toujours des gens empressés de renverser ou de remplacer un ministre, on prétendit, d'abord, que M. Villemain avait sauté par la fenêtre, comme M. de Pourceaugnac, poursuivi par les matassins; puis, que sa santé le condamnait impérieusement à la retraite et au repos. C'est alors qu'il laissa à la porte de madame Delphine de Girardin une lettre qui fut célèbre et qui finissait ainsi : « M. Villemain, venu pour informer madame de G... qu'il n'est plus ministre, mais qu'il n'est mort ou imbécile qu'officiellement. »

Au reste, la monarchie de 1830, avec ses airs de belle santé, était plus malade que lui. La révolution de février le réintégra dans ces fonctions admirables qui consistent à n'en pas avoir et à exercer, sans attributions précises, le ministère de l'esprit. Il ne tarda pas à rentrer dans les cadres de la littérature active, et nous le vîmes successivement publier les *Souvenirs contemporains de littérature et d'histoire;* le *Choix d'études sur la littérature contemporaine;* la *Tribune moderne*, *M. de Chateaubriand;* l'*Essai sur le génie de Pindare et sur la poésie lyrique;* sans compter les articles de *Revue* et les *Rapports* annuels à l'Académie française, qui semblait se personnifier de plus en plus, avec ses regrets, son humeur frondeuse et ses allusions libérales, en son illustre secrétaire perpétuel.

Ces nombreux écrits appartiennent à sa seconde manière et nous devons avouer que ce n'est pas la meilleure. Telle fut, chez ce brillant esprit, la facilité d'assimilation, qu'il reflète, dans ces œuvres de sa vieillesse, certains excès de ton et de couleur qui font songer à Lamartine ou même à Balzac, et dont la finesse de son goût aurait dû le garantir. Il a été un de ces vieillards qui transigent avec les variations de la mode, au lieu de protester contre ses erreurs et de rester les hommes de leur moment. En outre, il avait perdu son caractère d'initiative; on eût dit que ses idées se métamorphosaient en souvenirs, et que son imagination se refroidissait peu à peu à l'ombre de sa prodigieuse mémoire. Il ne nous offrait plus que des surfaces, nettes encore et lumineuses, qui réfléchissaient les objets extérieurs, mais qui n'avaient plus de fond. Quant à ses *Rapports à l'Académie*, ils ont prouvé une fois de plus tout ce qu'il y a de convention, de routine et de bergerie de Panurge dans les sociétés les plus spirituelles. Les derniers étaient de vrais rabâchages; ce qui n'empêchait pas les fidèles de s'extasier, chaque année, sur cette éternelle jeunesse de pensées et de style. Jeunesse, disaient-ils ? ce n'était pas assez, ils auraient dû dire *enfance*.

Dans le monde, où ses apparitions devenaient de plus en plus rares, il jouissait des immunités légitimement acquises à ses longs et brillants états de service. On lui accordait, dans l'ordre intellectuel, les privautés que conservent auprès des femmes ceux qu'on appelle les *vieux beaux*, les ci-devant hommes à bonnes fortunes. Il inspirait une admiration rétrospective, et il avait de l'esprit par procuration du passé. Parfois jaillissaient dans ce crépuscule des lueurs, des éclairs qui rappelaient le Villemain du bon temps. C'étaient, d'ordinaire, des épigrammes encore très-fines contre le gouvernement personnel ou contre ceux de ses contemporains qui se ralliaient à l'Empire. Il ne vida jamais entièrement son sac à malices. La meilleure était d'offrir le fauteuil académique à tous les écrivains qu'il rencontrait, de leur dire avec le plus engageant sourire : « Quand donc vous déciderez-vous enfin à être des nôtres ? » et de réserver son vote pour M. Gérusez, qui ne fut jamais nommé. Ainsi, il restait académicien jusque dans *le mot de la fin*.

N'importe ! il sied de nous incliner devant cette figure de grand lettré, d'Athénien par excellence, qui, par coïncidence frappante, a disparu le jour même où le plébiscite achevait de consacrer les deux choses les plus contraires à ces délicates intelligences : le suffrage universel et le régime démocratique. Il eut de l'unité et même de la fermeté dans cette longue vie. Il résista dans sa faiblesse comme d'autres ont succombé dans leur rudesse et leur force. Cet homme de lettres, ce *rhéteur*, que l'on avait signalé, au début, comme prêt à toutes les flexibilités de courtisan, garda son indépendance, se résigna à une noble pauvreté, se montra fidèle à toutes les religions de sa jeunesse, tandis que de prétendus héros du courage civil, des paysans du Danube ou de la Nièvre, trempaient leurs gros souliers dans le Rubicon. C'est quelque chose, c'est beaucoup, dans notre triste siècle, que d'avoir toujours aimé et toujours servi les seules causes dignes de passionner un esprit d'élite : le beau dans la littérature, la justice dans les lois, l'honnêteté dans les mœurs et la liberté dans les âmes.

III

M. AUGUSTE BARBIER A L'ACADÉMIE FRANÇAISE

Je ne me lasserai pas de redire aux détracteurs de l'Académie française : Si elle vous semble morte, pourquoi en parlez-vous tant? Pourquoi ne saurait-on ouvrir un journal sans y trouver une foule de commérages, ravivés et mis en rumeur par chacun des épisodes académiques ; les immortels qui disparaissent, les mortels qui aspirent à la succession ; la candidature de celui-ci, les chances de celui-là, les démarches d'un troisième... Et les titres discutés en séance ! et la question de savoir si Béralde se présentera, si Acaste restera sous sa tente, si Alcidamas a pour lui les dieux ou les déesses de l'Olympe, si Dorante éveille ou apaise les scrupules de la docte et chaste assemblée ! Que de mouvement! que de bruit! que d'ambitions molestées, ajournées ou satisfaites ! quelle joie pour les élus! Les cœurs palpitent; les paris sont ouverts; il y a, comme pour les courses à la mode, des favoris et des non placés. Lélio bat Silvius d'une longueur, et, en effet, si les longueurs étaient des droits, nous serions tous en fonds pour concourir et pour vaincre. Magnus n'a pas réussi, parce qu'il était mal entraîné ou plutôt pas assez entraînant... Encore une fois, sont-ce là des signes de mort, ou même de caducité ? A-t-on jamais vu tant d'agitation et de vie à propos de ce qui n'existe plus ? Serait-ce la peine de se passionner ainsi pour un fantôme ? Peut-on admettre que les plus beaux esprits du monde s'acharnent à la poursuite d'une ombre et se disputent la possession d'un néant? Possession vaut titre, disent les avocats, qui ne sont pas tous académiciens. — Titre vaut possession, répondront désormais les académiciens, qui peuvent se passer d'avocats.

L'Académie, dites-vous, n'a plus sa raison d'être dans notre société démocratique. Qu'en savez-vous, citoyens, et ne seriez-vous pas, par hasard, la preuve du contraire ? Si les bonnes manières et le bon langage couraient les rues, si nous n'avions que l'embarras du choix en fait de modèles de bonne compagnie, si tous les centres, grands ou petits, droits ou gauches, de la vie publique et privée, nous donnaient des exemples de courtoisie et d'atticisme, de discussion spirituelle et tempérée, l'Académie pourrait être considérée comme superflue, et l'on sait que les démocraties ne se chargent que du nécessaire. Mais les abris ne semblent jamais plus utiles, plus salutaires et plus charmants que lorsque la grêle, le givre et la bourrasque retentissent au dehors. Plus le désert est brûlant, aride, infesté du simoun et de poussière, hanté de bêtes féroces ou venimeuses, sujet à de mauvaises rencontres, mieux on savoure l'oasis, qui offre à la soif un peu d'eau, au regard un peu de verdure, aux fatigues du pèlerinage un peu de fraîcheur et de repos. Après un an de tempête électorale, six mois de réunions publiques, quinze jours de plébiscite, le tout accidenté d'agréables polémiques dont les héros se traitent mutuellement de bandits, de crétins, de mouchards, de voleurs, de coupe-jarrets et de repris de justice, — je ne dis pas qu'ils aient tort, — je vous assure que, sans même parler des barricades à la mode, la nécessité de l'Académie se fait de plus en plus sentir; qu'on meurt d'envie de demander à M. Pingard une boucle de ses cheveux, et que, si un président de tribunal m'interrogeait sur l'âge moyen ou le moyen âge des belles dames qui fréquentent *nos* séances, je lui répondrais, comme mademoiselle Mars : « Monsieur le président, toujours trente-deux ans ! »

Tenez, pas plus tard que mardi, — si jamais séance risqua d'être marquée d'une pierre noire, ce fut celle-là. Le récipendiaire était tellement en retard, que déjà les mauvais plaisants s'amusaient à ses dépens et aux nôtres. Ils prétendaient qu'on laisserait passer, avant sa réception, un temps aussi long que celui qui s'est écoulé depuis l'apparition des *Iambes*. En revanche, la chaleur et le soleil avançaient d'un bon mois sur l'horloge de l'Institut. Les peupliers de la berge et du quai Malaquais — *vox populi, vox Dei* — semblaient nous inviter, chacun dans leurs frémissements, à aller

voir leurs heureux frères de Ville-d'Avray ou de
Meudon. Il y a, comme cela, dans l'année, des
jours de nostalgie champêtre où les *Géorgiques* de
Virgile, même traduites par l'abbé Delille, ne va-
lent pas deux heures d'école buissonnière à travers
les sentiers fleuris d'aubépine. Le public arrivait
lentement ; la *corbeille* ne se remplissait pas ; les
tabourets étaient en baisse, faute de duchesses
probablement ; peu de célébrités et beaucoup de
doublures ; pas un sociétaire du Théâtre-Français,
malgré les souvenirs laissés par feu M. Empis. Les
toilettes broyaient du noir, les figures étaient mélan-
coliques, les fronts soucieux, l'attente silencieuse,
les tribunes mornes ; les prélats s'étaient fait remplacer par des séminaristes, les maréchaux par ces
braves fantassins, dont les physionomies prodigieusement ennuyées expliquaient les *non* de l'armée de terre, soumise à de pareilles corvées.
Jusque sur les bancs ou les fauteuils sacrés, bien
des vides se manisfestaient, causés, soit, hélas !
par la mort, soit par le concile, soit par la politique, soit par les voyages, soit par la campa-

gne. Encore un peu, et le désastre paraissait imminent.

Eh bien, en dépit de tous ces présages, la séance n'a pas manqué d'agrément. D'abord, le héros de cette petite fête nous donnait, en sa personne, les plaisirs d'une découverte. Pour plusieurs d'entre nous, pour ceux-là mêmes dont les souvenirs remontent aux débuts poétiques de M. Auguste Barbier, il offrait ce trait distinctif et, pour ainsi dire, unique, qu'on l'avait lu beaucoup sans jamais l'apercevoir, et qu'il avait été presque célèbre sans être connu. Pour les jeunes gens, cet incognito dans la gloire, cette obscurité dans l'auréole, ce mutisme dans l'éclat, prenaient les proportions d'un mythe. M. Barbier se perdait dans la nuit des temps. Vivait-il encore? avait-il réellement vécu? était-il contemporain de Sésostris ou de Louis-Philippe, de Pharamond ou de Charles X? Dans un temps où la plus simple notoriété se loge dans une maison de verre, où l'artiste s'efforce d'attirer les regards vers soi avant de les obtenir pour son œuvre, c'est une rareté bien curieuse et bien honorable que ce secret gardé sur sa vie, cette abstinence du *paraître*, cette façon de n'exister que par ses vers, de ressembler à un instrument invisible, qui chante sans se montrer et se révèle en se cachant. On reprocha jadis à M. Auguste Barbier d'avoir un peu trop déshabillé ses satires. Il a gardé pour lui tous les vêtements et tous les voiles dont il dépouillait sa muse.

Le nouvel académicien nous est donc apparu, pour la première fois, dans son habit vert, son discours à la main. Autre singularité ! Si quarante ans ont séparé son succès de sa réception, on dirait qu'il a essayé de conjurer, dans leur fuite, ces trop rapides années. Il fait l'effet d'un homme âgé qui se serait maintenu jeune par des procédés à lui. Sa coiffure, ses sourcils noirs et touffus, ses favoris, sa cravate, ont des airs de conserve. Sa bouche, serrée et rentrée, semble prise entre le nez et le menton, comme entre deux hémistiches de *la Curée*. Le profil fait songer à une traduction de Juvénal par Joseph Prud'homme. Une bonhomie narquoise anime cette physionomie de Gaulois qui parle franc, ce visage de *bon papa* qui a acheté une perruque neuve pour fêter un anniversaire, et qui va chanter des couplets au dessert. Mais, surtout, quelle honnêteté dans tout cet ensemble! Et comme je dirais : « Oh! l'honnête homme! le galant homme! » si j'oubliais que Meyerbeer l'a dit avant moi et que M. Barbier n'est pas le diable!

Oui, l'honnêteté, et, si les autres inspirations du poëte se sont évanouies dans le lointain, celle-là est restée pour le défendre et le sauver dans ce moment difficile où il avait à justifier en prose l'heureux choix de ses collègues. Son discours, il faut bien l'avouer, a représenté sur bien des points l'enfance de l'art. Dès les premières phrases, nous avons eu *l'auguste enceinte, le sanctuaire, les voix plus autorisées que la mienne*, et autres antiquailles académiques, qui contrastaient singulièrement avec la vieille réputation de cette muse *forte en gueule*, prompte à prendre les choses par le gros mot et à les appeler par leur nom. Bizarre métamorphose! Cette liberté, guidant le peuple, qui a eu l'insigne honneur d'inspirer Eugène Delacroix, et à qui l'on pardonnerait, dans ses vieux jours, quelques licences de langage, je ne la reconnais plus. Descendue de son sanglant piédestal, elle met des manches de lustrine à ses bras nus et emprisonne sous du velours-coton son robuste corsage. Femme de ménage d'Archiloque, elle le coiffe du classique bonnet, et, tandis qu'il fait un somme, elle lui fabrique un habit complet de maître des cérémonies. *La Curée* se lave les mains dans de l'eau de Cologne éventée ; *Therpsichore* fait la révérance à Dumarsais ; *l'Idole* s'orne d'un faux-col et d'une cravate blanche ; *Melpomène* ne prend plus au tragique que le mot propre ; *la Popularité* change de nom et s'appelle la périphrase ; la Pologne regrette de ne pas être l'Espagne pour avoir le plaisir de se nommer l'Ibérie, et la Bretagne refuse de répondre, si on ne la qualifie pas d'Armorique.

Telle a été la première impression, et l'orateur a failli l'aggraver encore en traitant métaphoriquement le mariage devant un auditoire où le beau sexe était en majorité. Déployant le zèle du nouveau prêtre, craignant de manquer à tous ses devoirs d'académicien de la veille, s'il ne trouvait pas une image neuve en l'honneur des souffrances de la femme incomprise, il nous l'a montrée se débattant contre les *barreaux de la cage hyménéenne...* « Est-ce possible? Sommes-nous donc aussi barreaux que cela ? Ah! le joli oiseau que nous avons mis en cage ! » ont murmuré en ce moment les grognards de l'Académie. — Mais, diront les maris à leur tour, la cage est-elle si terrible? N'y a-t-il pas, entre ses barreaux, assez d'espace pour qu'une linotte ou une perruche puisse y passer? Et les pies-grièches, qu'en faites-vous, monsieur l'académicien? Celles-là, nous leur ouvrirons, si vous le permettez, la *cage hyménéenne,* et bonsoir ! Sans compter que, dans cette cage, il existe un traquenard dont vous ne paraissez pas vous douter. On fait jouer un petit ressort, et crac !... l'oiseau s'envole, et c'est l'oiseleur qui est pincé !

Les choses allaient donc de mal *Empis*, et déjà

mes deux voisines s'étaient esquivées pour aller
remettre leur crinoline dans leur cage, quand tout
à coup — ô prodige! — nous nous souvenons que
cet orateur novice est un des cinq ou six poètes
modernes qui nous ont fait battre le cœur; qu'il a
eu, au bon moment, la verve, l'énergie, l'émotion,
l'éloquence, l'indignation d'une belle âme en présence de toutes les laideurs sociales et morales;
qu'il a flétri, non-seulement l'*idole* divinisée par
notre chauvinisme sur un amas de cadavres et de
ruines, mais les courtisans et les oppresseurs, les
vils flatteurs de la populace en délire, les plaisirs
grossiers qui dépravent la multitude, la hideuse
luxure du carnaval parisien, la dégradation toujours croissante de la poésie et de l'art, tout ce
qui fait qu'une nation devient peu à peu indigne
de la liberté véritable et se laisse corrompre par
la Révolution au lieu de s'y régénérer. Nous
songeons que les malheurs héroïques de la Pologne,
les douleurs chrétiennes de l'Irlande ont attendri
ces cordes d'airain. Nous nous récitons à nous-

même l'admirable page d'*il Pianto*, qui finit par ces vers :

> Et, pour chauffer l'orgie, avec quelques deniers,
> Il fait chanter le Tasse aux pauvres gondoliers.

Après tout, ce n'est pas sa faute, à ce noble et vigoureux poëte, s'il fait mentir le vieux proverbe : « Qui peut le plus peut le moins, » si sa prose ne vaut pas sa poésie, et si, cherchant la note juste entre la flûte de Pan et la rhétorique d'Aristote, il a rencontré sur son chemin M. de la Palisse. On ne peut pas posséder à la fois la synthèse et l'analyse, la vibration et la réflexion. Par cela même que M. Barbier a été poëte — et grand poëte, — il était dispensé de faire preuve d'esprit critique. Ceci posé, nous l'écoutons avec une sympathie complaisante ; nous sommes gagné par cet accent d'honnêteté parfaite et de franchise, par ce geste sans apprêt, par cette pantomime familière, par cette absence complète de charlatanisme et d'artifice, par cette façon cordiale d'exprimer des idées qui ne sont peut-être ni bien neuves ni bien justes, mais qui suppléent à la nouveauté et à la justesse par la bonne volonté.

d'ingénuité originelle ou apparente, qui aiguise si bien les griffes et les épingles. Nous ne connaissons pas de trompe-l'œil ou de dupeur d'oreilles mieux réussi que l'honorable académicien. Quand on le regarde, quand on l'écoute, on ne se souvient plus que du pieux auteur des préfaces et des éditions de *la Vie dévote* et de *l'Éducation des filles*. On évoque les ombres souriantes et sévères de Gerson et de saint François de Sales, de Fénelon et de sœur Angélique. On croit voir le dernier des Romains, l'arrière-neveu des *Solitaires*, sorti un moment de l'ombre discrète d'une cellule ou d'un cloître, pour nous rappeler les traditions effacées, les exemples d'austère vertu, de mystique sacrifice, de renoncement aux biens et aux vanités de ce monde. On a besoin d'un effort pour rentrer dans la réalité, pour mettre d'accord le passé et le présent, pour réconcilier des choses désormais imcompatibles, pour se figurer ce sage en habit brodé, ce stoïcien dans un pêle-mêle d'uniformes et de blanches épaules, cet homme de mœurs antiques, qui n'est jamais allé au spectacle, acteur lui-même dans l'éternelle comédie. L'autre jour, cet effort, quelquefois pénible, se dédommageait par de précieuses indemnités. Un peu trop personnel peut-être, parlant en son nom plutôt qu'au nom de l'Académie, M. de Sacy a mérité et obtenu, en somme, un très-vif succès. Il s'est fort habilement tiré d'une difficulté qui entrait pour beaucoup dans la curiosité publique : louer M. Barbier à qui il n'avait pas donné sa voix ; répondre à l'auteur de *l'Idole*, au premier détracteur du grand Napoléon, à l'homme qui, d'après les mauvaises langues, n'avait été nommé académicien qu'en l'honneur ou aux dépens du *Corse aux cheveux plats*. Il a réfuté ces *cheveux plats* sans platitude ; il a pris parti pour la guerre, lui, de physionomie si pacifique, et trouvé une très-jolie variation pour rajeunir la légende fort démodée du *bâton de maréchal dans la giberne du conscrit*. Soit ; c'est sans doute par amour pour cette giberne plébéienne que M. de Sacy a si chaleureusement célébré, au milieu d'un silence de glace, la triste campagne d'Italie, début et prélude de tous nos malheurs. Il s'est souvenu que, dans cette guerre, les conscrits avaient été si peu commandés, qu'ils pouvaient déjà se croire maréchaux [1].

IV

M. ÉMILE OLLIVIER A L'ACADÉMIE FRANÇAISE

— RÉCEPTION APOCRYPHE —

Quelques journaux se sont demandé si M. Emile Ollivier aurait le courage de se présenter devant l'Académie française et le public, en qualité de récipiendaire. D'autres, se croyant mieux informés, ont annoncé que le nouvel académicien s'ajournait seulement de quelques semaines, parce que son dis-

[1]. Pauvre M. de Sacy! avoir encore tant d'illusions le mardi 17 mai, soixante et un jours avant la déclaration de guerre, quinze semaines avant le désastre de Sedan, la chute honteuse de son empereur et la fuite de sa chère impératrice; le tout amené par des bévues autrement graves que celles qui signalèrent la campagne d'Italie! Jansénius et Saint-Cyran lui auront-ils offert des consolations suffisantes ? Mystère.

1ᵉʳ juillet 1871.

cours n'était pas prêt. Rien de tout cela n'est exact. Le petit-cousin d'une tante du filleul de M. Pingard nous a fourni un renseignement que nous donnons pour authentique. Plus timide qu'on ne le supposait, M. Emile Ollivier a prié l'Académie de lui épargner cette périlleuse épreuve et de consentir à le recevoir à *huis clos*. L'illustre Assemblée n'a pas cru devoir refuser cette faveur au Benjamin académique de MM. Thiers et de Falloux. Mais elle a mis pour condition à cette complaisance sans précédent, que l'héritier du fauteuil de Lamartine ferait son discours en vers. La condition a été acceptée de bonne grâce, et voici ce discours :

Ainsi toujours poussés vers de nouveaux orages,
Par le flot populaire emportés sans retour,
Ne pourrons-nous jamais, dans l'urne aux ballotages,
  Jeter l'ancre un seul jour ?...

Banc ministériel ! j'ai fini ma carrière !...
Loin de toi, banc chéri que je regrette en vain,
— Regarde ! — je viens seul m'asseoir sur cette pierre
Que Clément Duvernois jeta dans mon jardin !...

TABLE

I. Rédemption..................... ....

II. Un nouvel allié. — George Sand......... 14

III. La Prusse et la Commune............ ... 29

IV. Paris............................. 44

V. Cri de détresse..................... 62

VI. Les élections municipales............... 79

VII. Les cinq milliards............. 96

VIII. Les états du Languedoc................ 114

IX. La colonne Vendôme................... 134

X. Sommations respectueuses a l'Assemblée nationale............................ 154

XI.	L'Agonie de l'armée du Rhin.........	190
XII.	Est-ce l'ignorance?.................	209
XIII.	Les morts..........................	227
XIV.	Épaves académiques.................	244

Poissy. — Typ. Lejay et Cie.

www.ingramcontent.com/pod-product-compliance
Lightning Source LLC
Chambersburg PA
CBHW071507160426
43196CB00010B/1448